新形式対応

TOEIC® L&R TEST
パート5特急
420問ドリル

神崎 正哉
Daniel Warriner

JN044055

＊L&R means Listening and Reading.
TOEIC is a registered trademark of Educational Testing Service (ETS).
This publication is not endorsed or approved by ETS.

朝日新聞出版

編集協力 —————— 渡邉真理子
　　　　　　　　　Joe F
　　　　　　　　　Bradley Towle
　　　　　　　　　たか
　　　　　　　　　ささきりか
　　　　　　　　　川人冴
　　　　　　　　　Karl Rosvold
　　　　　　　　　及川亜也子

録音協力 —————— 英語教育協議会（ELEC）
　　　　　　　　　東健一
　　　　　　　　　Emma Howard 🇬🇧
　　　　　　　　　Howard Colefield 🇺🇸

イラスト —————— 齋藤太郎

もくじ

　本書は2015年3月発行の『新TOEIC® TEST パート5特急400問ドリル』（朝日新聞出版）の増補改訂版です。新たに20問を加え、既存の400問も大幅に書き換えました。また、2016年5月のTOEIC公開テストから、パート5の問題が40問から30問になったのに合わせ、本書でも問題セットの区切りを30問に変更しました。

　TOEICのパート5は、空欄を埋めるのに適切な語句を選ぶ「穴埋め問題」になっています。本書は、このパート5の練習を積むためのもので、以下のような効果があります。

🚃 本番のTOEICの14回分に相当する420問が収録されている。問題をたくさん解くことで、パート5の問題パターンに慣れ、スコアが上がる。

🚃 本書の問題は、実際のTOEICに即した良質なものばかりなので、受験の際、既視感が得られる。

🚃 TOEICで出題される問題タイプを網羅しているので、自分の弱点がわかり、補強が必要な事項が見えてくる。

🚃 正解に絡まない部分にもTOEICの頻出語句がたくさん使われているので、TOEICで役立つ語彙力を身に付けることができる（語彙力強化を助ける語注付き）。

🚃 問題文読み上げの音声ファイルを活用することで、記憶の定着を助け、またリスニング力の強化にもなる。

パート5では、語彙力と文法力が試されるので、本書を使う前に、基本的な語彙力と文法力を身に付けておいてください。語彙に自信がない人は、『TOEIC® L&R TEST 出る単特急 金のフレーズ』（TEX 加藤著、朝日新聞出版）、文法に自信がない人は、『1駅1題 新 TOEIC® TEST 文法特急』や『新 TOEIC® TEST 文法特急2 急所アタック編』（共に花田徹也著、朝日新聞出版）などをやっておくとよいでしょう。

　パート5は、出題される文法項目や語彙が限られているので、学習の成果が出やすいパートです。問題をたくさん解き、問題のパターンに慣れてくると正解率が上がります。また、一度間違えた問題は、正解の根拠をきちんと確認し、次に同じような問題に出会ったとき確実に正解できるようしておくと、スコアアップに直結します。

　本書が皆さんの TOEIC スコアアップに役立つことを願っています。

2020年4月
神崎正哉

本書では英文問題が見開きの右側のページに3問あり、その裏のページに解答、日本語訳、解説、語注が載っています。隙間時間にやる人はページごとに使ってください。また、1セット30問の区切りが設けられているので、まとまった時間を取れる人は、30問一気に解いてから、答え合わせをしてください。以下のように学習すると効果的です。

１　問題を解く。

２　答え合わせをする。

３　間違えた問題と、正解の理由があやふやな問題は、正解の根拠をきちんと確認する。

　　（注意：本書の解説は、要点だけを簡潔にまとめてあります。解説を読んでも正解の根拠がよくわからない人は文法の参考書等で確認してください。）

４　問題文の意味がわからない場合は、日本語訳を見て確認する。

５　問題文中に知らない語句がある場合は、語注を参考にしたり、辞書を使ったりして意味を確認し、覚える努力をする。

６　音声を聞き、音の確認をする。目で見て頭に浮かぶ音と実際にネイティブスピーカーが発する音のギャップを埋めるように努める。

７　音声を使い、聞こえた通りに真似して声に出す練習をする。意味を感じながら、体に英語を染み込ませるつもりで声に出す。

◀ 音声を聴く方法 ▶

アプリ上で聴く方法

「AI 英語教材アプリ abceed（無料）」をスマートフォンにダウンロードしてください。

https://www.globeejapan.com/

※AI 英語教材 abceed は株式会社 Globee の提供するサービスで、本書の音声を無料で配信しています。
※AI 英語教材 abceed 内には本書のアプリ版（本書テキスト）もあります（有料）。

音声ファイルをダウンロードして聴く方法

下記の朝日新聞出版 HP から音声ファイルをダウンロードすることができます。

https://publications.asahi.com/toeic/

◀1　左のマークのついている部分は音源が用意されています。横の数字は音声ファイルの番号を表しています。

本書で用いられる記号表記

| 動 動詞 | 名 名詞 | 形 形容詞 | 副 副詞 |
| 前 前置詞 | 接 接続詞 | 代 代名詞 | 略 略語 |

　TOEIC のリーディングは75分で100問を解かなければ
ならないので、時間に余裕がありません。リーディングで
スコアを伸ばすためには、時間配分が重要です。パート5は、
1問20秒を目安に解いてください（30問で10分）。パート
5では、語彙力と文法力が試されるので、知識のあるなしで
勝負が決まります。知識がなければ時間をかけても正解は
得られません。知識不足で解けない問題は、答えを適当に
選んで、次の問題に移ってください。

　パート5で出題される問題は以下の12タイプに分類できます。同じタイプの問題は解き方のポイントが近いので、タイプごとの解法をマスターすると速く正確に解けるようになります。そのためには、模擬問題を解く練習をする時、問題タイプを意識して解くようにするといいでしょう。本書では、解説ページの正解の横に問題タイプを載せてあります。

 1 語彙

　選択肢には、品詞が同じ語が並ぶ。文意に合うものを選ぶ。

例題1　　　　　　　　　　　　　　　　◀ E1

Rayong Spa extended its hours to -------
customers who work late on weekdays.

(A) accompany
(B) enable
(C) offer
(D) accommodate

正解　(D) accommodate

　訳　Rayong Spaは、平日に遅くまで働いている顧客に対応するために営業時間を延長した。

(D) accommodate（便宜をはかる）を使うと、extended its hours to accommodate customers（顧客に対応するために営業時間を延長した）となり、文意に合う。

　□ **extend** 動 延長する　□ **hour** 名 （複数形hoursで）営業時間　□ **accompany** 動 同伴する

□ **enable** 動 可能にする　□ **offer** 動 申し出る、提供
する

 ## ② 品詞

　共通のルーツを持ち、品詞の異なる語が選択肢に並ぶ。
空欄に入る語が文中で果たす機能に注目して、適切な語を
選ぶ。

例題2　　　　　　　　　　　　　　　　　　　◀ E2

Please read the user manual ------- before
using the lawn mower.

　(A) care
　(B) caring
　(C) careful
　(D) carefully

正解 (D) carefully

　訳 芝刈り機を使う前に、ユーザーマニュアルを注意深く読んで
ください。

前の read the user manual（ユーザーマニュアルを読む）を
修飾するには、副詞の (D) carefully（注意深く）が適切。

　□ **lawn** 名 芝　□ **mower** 名 芝刈り機
　□ **care** 動 気にする　名 注意、世話、ケア
　□ **caring** 形 面倒見のよい　□ **careful** 形 注意深い

③ 語法

語句の使い方を問う問題。その用法を知っているかどうかで勝負が決まる。

例題3 ◀ E3

From Collinsworth Station, commuters can easily access the subway ------- the bus terminal.

- (A) additionally
- (B) together with
- (C) as well as
- (D) in association with

正解 (C) as well as

訳 Collinsworth 駅から、通勤者は、地下鉄にもバスターミナルにも簡単にアクセスできる。

(C) as well as を使うと「地下鉄にもバスターミナルにも」となり、意味が通る。

□ **commuter** 名 通勤者　□ **additionally** 副 加えて
□ **together with** 〜　〜と共に
□ **in association with** 〜　〜と共同して

 ### ④ 動詞の形

動詞の原形、3人称単数現在形、-ing 形、-ed 形、to 不定詞などから、適切な形を選ぶ。

All applicants for the delivery position have passed a driving test ------- by the Vehicle Licensing Bureau.

(A) administrate
(B) administrating
(C) administered
(D) to administrate

正解 (C) administered

訳 配送の職の全応募者は、車両免許局によって実施される運転試験に合格している。

空欄に入る語は、前の driving test（運転試験）を修飾する。試験は「実施される」ものなので、受動の意味を表す (C) administered が正解。a driving test administered by the Vehicle Licensing Bureau で「車両免許局によって実施される運転試験」。

□ **applicant** 名 応募者　□ **delivery** 名 配送
□ **position** 名 職　□ **driving test** 運転試験
□ **vehicle** 名 車両　□ **bureau** 名 局
□ **administer** 動 実施する

5 前置詞

選択肢には前置詞が4つ並ぶ。前置詞の意味を問う問題と、他の語との組み合わせを知っているか試す問題がある。

例題5　◀E5

The *Daily Chronicle* has a full-time opening
------- an experienced news reporter.

(A) for
(B) at
(C) across
(D) through

正解　(A) for

訳 *Daily Chronicle*では、経験豊かなニュース記者の常勤の職に空きがあります。

(A) forは対象を示す前置詞なので、これを使い、opening for an experienced news reporter（経験豊かなニュース記者の空き）とする。

□ **full-time** 形 常勤の　□ **opening** 名 （職の）空き
□ **experienced** 形 経験豊かな

6 前置詞 vs. 接続詞

　選択肢に前置詞と接続詞が並ぶ。文法的な側面と文意を考えて、適切なものを選ぶ。

例題6　◀E6

------- extensive renovations, the Springville
Golf Club will be closed next month.

(A) Unless
(B) Due to
(C) According to
(D) Since

訳 大規模な改装工事のため、Springville Golf Clubは、来月休業する。

後ろにextensive renovations（大規模な改装工事）が続くので、前置詞が必要。(B) Due to（〜のため）を使うと、「大規模な改装工事のため」となり、後半部分と上手くつながる。

□ **extensive** 形 大規模な　□ **renovation** 名 改装
□ **unless** 接 〜でない限り
□ **according to 〜** 〜によれば　□ **since** 接 〜なので

7 接続詞

選択肢には接続詞が並ぶ。文意を考えて、適切なものを選ぶ。

例題7　　　　　　　　　　　　　　　◀ E7

Ms. Alvarez was promoted to the general manager position ------- she is the most knowledgeable about the company's operations.

(A) until
(B) so that
(C) because
(D) whereas

正解 (C) because

訳 Alvarezさんは、会社の業務に最も精通しているので、ゼネラルマネージャーの職に昇進した。

後半の「彼女は会社の業務に最も精通している」が前半の「ゼネラルマネージャーに昇進した」ことの理由になっているので、(C) because (〜なので) が正解。

□ **promote** 動 昇進させる　□ **knowledgeable** 形 知識の豊富な　□ **operation** 名 業務
□ **whereas** 接 〜であるのに対して

 ## ⑧ 代名詞

空欄に入る語の文中での機能を考え、適切な代名詞を選ぶ。

例題8　◀ E8

Members of the research department who are interested in overseas assignments should notify ------- managers.

(A) they
(B) their
(C) them
(D) theirs

正解　(B) their

訳 海外勤務に関心のある研究部の職員は、部長に知らせてください。

後ろが名詞の managers (部長) なので、(B) their (彼らの) が適切。

□ **overseas assignments** 海外勤務
□ **notify** 動 知らせる

⑨ 態

名詞と動詞の間に能動の関係があるのか、受動の関係が
あるのかを見極めて、適切なものを選ぶ。

例題 9 ◀ E9

Ms. Watanabe will ------- at the awards
reception in January.

(A) honor
(B) be honored
(C) be honoring
(D) honorable

正解 (B) be honored

訳　Watanabe さんは、1月の授賞式で表彰される。

主語の Ms. Watanabe と動詞 honor（栄誉を称える）の間に
は、受動の関係があるので、(B) be honored を使い、受動
態にする。

□ **awards reception** 授賞式

 ⑩ 時制

文中に時制の決め手となる部分があるので、そこに注目
して適切な時制を選ぶ。

例題 10 ◀ E10

Mr. Goodwin ------- his helmet during the
morning shift yesterday.

(A) misplaced
(B) is misplacing
(C) has misplaced
(D) misplaces

正解 (A) misplaced

訳 Goodwin さんは、昨日午前の勤務中、ヘルメットを置き忘れた。

文末の yesterday から過去の話をしていることがわかるので、過去形の (A) misplaced（置き忘れた）が正解。

□ **misplace** 動 置き忘れる

11 関係詞

空欄に入る語が何を受けているのか、また空欄以降の部分でどのような機能を果たすのかに注目して、適切な関係詞（関係代名詞または関係副詞）を選ぶ。

例題11 ◀ E11

Geldoz Enterprises, ------- specializes in the production of golf balls, opened a factory in Indonesia last year.

(A) which
(B) what
(C) where
(D) whose

正解 (A) which

訳 ゴルフボールの製造を専門としている Geldoz Enterprises は、昨年インドネシアに工場を開設した。

前の Geldoz Enterprises を受け、後ろの動詞 specializes の主語として機能する語として、関係代名詞の (A) which が適切。

　　□ **specialize in ～**　～を専門とする
　　□ **production** 名 製造

 ## 12 比較

形容詞または副詞の原級、比較級、最上級を選ぶ問題。

例題12　　　　　　　　　　　　　　　　　　◀E12

> The display of the new laptop computer is
> 10 percent ------- than that of the previous
> model.
>
> (A) large
> (B) larger
> (C) largest
> (D) length

正解 (B) larger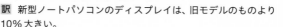

　訳 新型ノートパソコンのディスプレイは、旧モデルのものより10%大きい。

後ろに than があるので、比較級の (B) larger を選ぶ。

　　□ **display** 名 ディスプレイ
　　□ **laptop computer**　ノートパソコン
　　□ **length** 名 長さ

Set 1

間違えた問題はもちろん、正解の理由が明確になっていない問題は、自分でしっかり根拠を示せるまで学習しましょう。スコアアップは、しっかりした復習から生まれます。

　1周、2周、3周…と、自分で納得するまで続けましょう。トレーニングは裏切りません。

Set 1	実施日	正答数
1回目	月　　日	／30問
2回目	月　　日	／30問
3回目	月　　日	／30問
4回目	月　　日	／30問
5回目	月　　日	／30問

1. Mr. Parrish is in Chicago this week, so the planning commission will meet ------- on Friday.

   (A) he
   (B) his
   (C) him
   (D) himself

2. A task force has been formed in Maryland to gather ------- from the public on how to boost tourism.

   (A) suggests
   (B) suggesting
   (C) suggested
   (D) suggestions

3. To better ------- its growing number of customers in Germany, Albright Machinery opened a new branch in Dortmund.

   (A) serve
   (B) fulfill
   (C) happen
   (D) undergo

1. 正解 (C) him 代名詞

訳 Parrishさんは今週シカゴにいるので、計画委員会は金曜日に彼に会う。

(C) him（彼に）を使うと、動詞meet（会う）の目的語として機能する。

□ **commission** 名 委員会、審議会

2. 正解 (D) suggestions 品詞

訳 観光業を促進する方法について一般市民からの提案を集めるため、作業部会がMarylandで組織された。

空欄には、動詞gather（集める）の目的語となる語が必要なので、名詞の (D) suggestions（提案）が適切。

□ **task force** 作業部会　□ **form** 動 組織する
□ **the public** 一般市民　□ **boost** 動 促進する
□ **tourism** 名 観光業

3. 正解 (A) serve 語彙

訳 ドイツで増え続けている顧客により良いサービスを提供するため、Albright MachineryはDortmundに新しい支店を開設した。

its growing number of customers（増え続けている顧客）を目的語に取る動詞として適切なのは、(A) serve（仕える）。To better serve its growing number of customers で「増え続けている顧客により良く仕えるため＝より良いサービスを提供するため」。

□ **growing** 形 増え続ける　□ **customer** 名 顧客
□ **branch** 名 支店　□ **fulfill** 動 遂行する
□ **happen** 動 起こる　□ **undergo** 動 経験する

4. Presicco's latest catalog is on the company's Web site, ------- its previous catalogs are no longer available.

(A) while
(B) when
(C) during
(D) unless

5. The Country Clubhouse Grille has been recently ------- and is scheduled to reopen on March 1.

(A) renovate
(B) renovating
(C) renovated
(D) renovation

6. At Rockwell Solutions, on-the-job training has proven ------- for developing the skills of new employees.

(A) effect
(B) effects
(C) effective
(D) effectively

4. 正解 (A) while　前置詞 vs. 接続詞

訳 Presiccoの最新カタログは同社のウェブサイトにありますが、以前のカタログはもう入手できません。

「Presiccoの最新カタログは同社のウェブサイトにある」と「以前のカタログはもう入手できない」の２つの節をつなぐには、「一方ではAだが、他方ではB」という対比の意味を表す接続詞の (A) while が適切。

□ **no longer** 〜　もはや〜でない
□ **during** 前 〜の間　□ **unless** 接 〜でなければ

5. 正解 (C) renovated　品詞／動詞の形

訳 Country Clubhouse Grilleは最近改装され、3月1日に新装開店する予定である。

主語 Country Clubhouse Grille と動詞 renovate（改装する）の間には、「Country Clubhouse Grille が改装される」という受動の関係があるので、(C) renovated を使って、has been recently renovated（最近改装された）とする。(D) renovation は、under renovation（改装中）であれば可。

□ **scheduled to** 〜　〜する予定である
□ **reopen** 動 新装開店する　□ **renovation** 名 改装

6. 正解 (C) effective　品詞

訳 Rockwell Solutionsでは、新入社員のスキルを向上させるために実地訓練が有効であるとわかった。

動詞 prove（証明する）は、形容詞を伴い「〜であるとわかる」という意味を表すので、形容詞の (C) effective（有効な）が適切。has proven effective で「有効であるとわかった」。

□ **on-the-job training** 実地訓練　□ **effect** 名 効果

7. ------- removing weeds allows other plants to grow well, Mindtree Landscapers regularly weeds its clients' gardens.

(A) After
(B) Until
(C) Since
(D) Whereas

8. The contract ------- stipulates that graphics licensed from Ellipse Creators may be used for commercial purposes.

(A) lately
(B) expressly
(C) rapidly
(D) potentially

9. Dr. Hanson and Dr. Liao will collaborate on the ------- of a new skin cream made entirely of organic ingredients.

(A) develop
(B) developing
(C) developer
(D) development

訳 雑草を取り除くことが他の植物をよく成長させるので、Mindtree Landscapers は定期的に顧客の庭を除草する。

前半の「雑草を除去することが他の植物をよく成長させる」が後半の「定期的に顧客の庭を除草する」の理由になっているので、(C) Since (〜なので) が適切。

□ **remove** 動 取り除く　□ **weed** 名 雑草　動 除草する
□ **whereas** 接 〜であるのに対して

8.　正解 (B) expressly　語彙　　　　　　　　　░░░

訳 契約書は、Ellipse Creators から使用を許可された画像を営利目的で使用してよいと明確に規定している。

動詞 stipulates (規定する) を修飾する副詞として、(B) expressly (明確に) が適切。expressly stipulates that 〜で「〜であることを明確に規定している」。

□ **stipulate** 動 規定する　□ **license** 動 使用を許可する
□ **lately** 副 最近　□ **rapidly** 副 急速に
□ **potentially** 副 潜在的に

9.　正解 (D) development　品詞　　　　　　　　░░░

訳 Hanson 博士と Liao 博士は、すべて有機原料で作られる新しいスキンクリームの開発を共同で行う。

前に冠詞 the、後ろに前置詞 of があるので、名詞の (D) development (開発) が適切。the development of a new skin cream で「新しいスキンクリームの開発」。(C) developer (開発者) も名詞だが、文意に合わない。

□ **collaborate** 動 共同で行う
□ **entirely** 副 すべて、完全に　□ **organic** 形 有機の
□ **ingredient** 名 原料　□ **developing** 形 開発途上の

10. Vases made by Alicia Cooney are intended to serve both practical and ------- purposes.

(A) personnel
(B) decorative
(C) perishable
(D) defective

11. The new columnist at *Clarksville Weekly* will primarily be responsible for articles ------- local history and culture.

(A) concerning
(B) writing
(C) looking
(D) referring

12. Mr. Matthews was asked to arrange a meeting time that would be most ------- for all the department managers.

(A) convenience
(B) conveniences
(C) conveniently
(D) convenient

訳 Alicia Cooneyが作った花瓶は、実用と装飾の両方の目的を果たすことを目指している。

「実用と ------- の両方の目的を果たす」には、(B) decorative（装飾の）が適切。intended to ～で「～することを目指している」。

□ **serve** 動（目的を）果たす　□ **practical** 形 実用の
□ **personnel** 形 人事の　□ **perishable** 形 傷みやすい
□ **defective** 形 欠陥がある

訳 *Clarksville Weekly* の新しいコラムニストは、地元の歴史と文化に関する記事を主に担当することになる。

前のarticles（記事）と後ろのlocal history and culture（地元の歴史と文化）をつなぐには、(A) concerning（～に関する）が適切。articles concerning local history and culture で「地元の歴史と文化に関する記事」。(D) referringは、後ろにtoが必要。refer to ～で「～に言及する、～を参照する」。

□ **primarily** 副 主に
□ **responsible for** ～　～を担当する

訳 Matthewsさんは、すべての部長に最も都合の良い会議の時間を調整するよう頼まれた。

be most ------- forの並びになっているので、形容詞の(D) convenient（都合の良い）が適切。convenient for ～で「～に都合の良い」。

□ **arrange** 動 調整する　□ **department manager** 部長

13. To see ------- options for subscriptions to *Fashion Bloom*, please visit our Web site.

(A) wage
(B) finance
(C) payment
(D) cash

14. All packages sent to customers ------- outside Australia must be accompanied by a completed customs form.

(A) reside
(B) resided
(C) residing
(D) residential

15. The main theme for the ------- medical conference in Houston will be health risks associated with food.

(A) upcoming
(B) previous
(C) constant
(D) ready

訳 *Fashion Bloom* の定期購読の支払いオプションを確認するには、ウェブサイトをご覧ください。

空欄後の options を修飾する語として、for subscriptions to *Fashion Bloom* (*Fashion Bloom* の定期購読の) との関係から、(C) payment (支払い) が適切

□ **wage** 名 賃金 □ **finance** 名 財務

訳 オーストラリア国外に住んでいる顧客に送られるすべての小包には、記入済の税関告知書が添付されていなければならない。

前の customers (顧客) と後ろの outside Australia (オーストラリア国外) を (C) residing (住んでいる) でつなぎ、customers residing outside Australia (オーストラリア国外に住んでいる顧客) とする。動詞の (A) reside (住む) は前に who があり、customers who reside outside Australia となれば可。

□ **accompany** 動 伴う □ **complete** 動 記入する
□ **customs** 名 関税 □ **residential** 形 居住の

訳 Houston での来たる医療学会の主なテーマは、食物に関連した健康上のリスクである。

will be が使われていることから、未来のことを述べているとわかるので、後ろの medical conference (医療学会) を修飾する形容詞として (A) upcoming (来たる) が適切。

□ **associated with ~** ~と関連のある
□ **constant** 形 不変の

16. Nominations for the documentary award must be submitted to the film commission no later ------- December 19.

(A) than
(B) so
(C) before
(D) to

17. After a ------- career in modeling, Yvonne Bauman worked as a designer for the apparel maker Persico Fashions.

(A) success
(B) successful
(C) successfully
(D) succeeded

18. In January, the Claremont Art Gallery in Lincolnshire will exhibit 46 sculptures by the internationally ------- artist Romeo Garcia.

(A) acclaimed
(B) respective
(C) diverse
(D) marked

訳 ドキュメンタリー賞の推薦は12月19日までに映画委員会に提出されなければならない。

no later than ～（～までに）は、締め切りを示す成句。no later than December 19 で「12月19日までに」。

□ **nomination** 名 推薦　□ **award** 名 賞
□ **commission** 名 委員会

訳 モデル業で成功した経歴の後、Yvonne Bauman は服飾メーカー Persico Fashions のデザイナーとして働いた。

名詞 career（経歴）を修飾するには、形容詞の (B) successful（成功した）が適切。動詞 succeed には「成功する」という意味があるが、後ろの名詞を修飾して「成功した～」という意味を表す場合は、形容詞の successful を使い、過去分詞の (D) succeeded は用いない。

□ **modeling** 名 モデル業　□ **apparel** 名 服飾
□ **success** 名 成功　□ **successfully** 副 うまく

訳 1月に、Lincolnshire の Claremont Art Gallery は、国際的に評価されている芸術家 Romeo Garcia による彫刻46点を展示する。

(A) acclaimed（評価されている）を使うと、internationally acclaimed で「国際的に評価されている」となり、artist（芸術家）を修飾する語として適切。

□ **exhibit** 動 展示する　□ **sculpture** 名 彫刻
□ **respective** 形 それぞれの　□ **diverse** 形 多様な
□ **marked** 形 際立った、著しい

19. When Ms. Moreno sat down, a waiter brought her a cup of coffee ------- some cream and sugar.

(A) as long as
(B) otherwise
(C) both
(D) along with

20. Twenty-five years ago, the Northwich Theater was ------- to accommodate a larger audience.

(A) resumed
(B) reimbursed
(C) recruited
(D) refurbished

21. ------- the arrival of the rainy season, the researchers will go on with their study in the tropical forest.

(A) Despite
(B) Once
(C) Besides
(D) From

19. 正解 (D) along with 語法

訳 Morenoさんが座ったとき、ウェイターは彼女にコーヒーをクリームと砂糖と一緒に運んできた。

brought her a cup of coffee（コーヒーを彼女に運んできた）と some cream and sugar とつなぐには、(D) along with（〜と一緒に）が適切。

□ **as long as** 〜 〜である限りは
□ **otherwise** 副 そうでなければ

20. 正解 (D) refurbished 語彙

訳 25年前、Northwich劇場は、より多くの観客を収容するために改装された。

主語が劇場で、後ろに to accommodate a larger audience（より多くの観客を収容するために）と続くので、(D) refurbished（改装された）が適切。

□ **accommodate** 動 収容する   □ **resume** 動 再開する
□ **reimburse** 動 払い戻す   □ **recruit** 動 採用する

21. 正解 (A) Despite 前置詞 vs. 接続詞

訳 雨季の到来にもかかわらず、研究者たちは熱帯林での調査を続ける。

後ろに the arrival of the rainy season（雨季の到来）が続くので、前置詞が必要。「研究者たちは熱帯林での調査を続ける」の文意から、(A) Despite（〜にもかかわらず）を選ぶ。

□ **researcher** 名 研究者   □ **go on with** 〜 〜を続ける
□ **study** 名 調査   □ **tropical** 形 熱帯の
□ **once** 接 一旦〜すると   □ **besides** 前 〜に加えて

22. Zaplin Insurance provides employees with a number of excellent ------- such as comprehensive health coverage and a year-end bonus.

(A) benefit
(B) benefits
(C) beneficial
(D) beneficially

23. Mr. Stefani was asked to ------- the interns on a tour of the facility.

(A) offer
(B) conduct
(C) give
(D) take

24. Acquiring Etilat Mobile helped the Vacstar Group to ------- its market reach across the Middle East and Africa.

(A) compete
(B) install
(C) expand
(D) export

22. 正解 (B) benefits 品詞

訳 Zaplin Insuranceは、総合健康保険や年末賞与といった数々の素晴らしい福利厚生を従業員に提供している。

a number of ～（数々の～）の後ろには、名詞の複数形が続くので、(B) benefits（福利厚生）が正解。この語は「福利厚生」の意味で使われる際、常に複数形。

□ **comprehensive** 形 総合的な
□ **health coverage** 健康保険　□ **benefit** 名 恩恵、利益
□ **beneficial** 形 有益な　□ **beneficially** 副 有益に

23. 正解 (D) take 語法

訳 Stefaniさんは、インターンを施設の案内に連れて行くよう頼まれた。

(D) takeを使うと、take the interns on a tour of ～で「インターンを～の案内に連れて行く」となり、意味が通る。(A) offer（提供する）と (C) give（与える）は、onがなくoffer/give the interns a tour of ～であれば可。(B) conduct（行う）はconduct a tour（案内を行う）のように使う。

□ **facility** 名 施設

24. 正解 (C) expand 語彙

訳 Etilat Mobileを買収したことは、Vacstar Groupが中近東とアフリカ全域において市場範囲を拡大する手助けとなった。

「市場範囲を ------- する手助けとなった」に合うのは、(C) expand（拡大する）。

□ **acquire** 動 買収する　□ **reach** 名 範囲
□ **compete** 動 競う

25. To ensure that personal information is handled correctly, Hansford Mobile ------- reviews and updates its security measures.

(A) period
(B) periodic
(C) periodical
(D) periodically

26. Due to a change in tax regulations, ------- of our accounting procedures need to be amended.

(A) each other
(B) something
(C) other
(D) some

27. Attendance at this year's job fair was expected to be lower than in previous years, but it was actually much -------.

(A) high
(B) higher
(C) highest
(D) more highly

訳 個人情報が正しく取り扱われていることを保証するため、Hansford Mobileは定期的に自社の安全対策を見直し、更新している。

reviews and updates (見直し、更新する) を修飾するには、副詞の (D) periodically (定期的に) が適切。

□ **ensure** 動 保証する　□ **security measure** 安全対策
□ **period** 名 期間　□ **periodic** 形 定期的な
□ **periodical** 名 定期刊行物

訳 税法の改正により、当社の会計処理の一部を修正する必要がある。

(D) some (いくつかの) を使って、some of our accounting procedures (当社の会計処理の一部) とすると、need to be amended (修正する必要がある) の主語として、意味が通る。

□ **regulation** 名 法規、規則　□ **accounting** 名 会計
□ **procedure** 名 処理、手順　□ **amend** 動 修正する

訳 今年の就職フェアの入場者数はこれまでの年を下回ると見込まれていたが、実際は大幅に上回った。

「これまでの年を下回ると見込まれていたが、実際は大幅に------だった」という文意から、lowerの対比となる(B) higher (より高い) を選ぶ。副詞muchは、比較級を強調する働きがある。

□ **attendance** 名 入場者数、出席、参加
□ **expect** 動 見込む　□ **highly** 副 非常に、高く

28. In order to reduce their environmental impact, many countries around the world are shifting to renewable ------- of energy.

(A) sources
(B) results
(C) origins
(D) demands

29. Due to the unseasonably hot weather, convenience stores and other ------- are selling lots of bottled water.

(A) retail
(B) retails
(C) retailers
(D) retailing

30. The first shipment of fertilizer ------- by now had Ms. Nielsen placed the order a week earlier.

(A) arrived
(B) would have arrived
(C) has arrived
(D) will be arriving

訳 環境への影響を減らすために、世界中の多くの国が再生可能な
エネルギー源に移行しています。

(A) sources（源）を使い、renewable sources of energy（再
生可能なエネルギー源）とすると文意に合う。

□ **in order to ～**　～するために
□ **environmental** 形 環境の
□ **impact** 名 影響　□ **shift** 動 移行する
□ **result** 名 結果　□ **origin** 名 起源
□ **demand** 名 要求

訳 季節外れに暑い天気のため、コンビニや他の小売業者は多くの
ボトル入り飲料水を販売している。

後ろに続く are selling ～（～を販売している）の主語として、
(C) retailers（小売業者）を使った、convenience stores and
other retailers（コンビニや他の小売業者）が適切。

□ **unseasonably** 副 季節外れに
□ **retail** 動 小売する　形 小売の

訳 もし Nielsen さんが1週間早く注文していたら、最初の肥料の配
達は今頃届いていたはずである。

had 以降は、過去の事実に反する仮定を表す仮定法過去完
了の if Ms. Nielsen had placed the order a week earlier（も
し Nielsen さんが1週間早く注文していたら）が倒置になっ
た形になっている。よって、前半部分の動詞は、(B) would
have arrived（届いていたはず）が適切。

□ **shipment** 名 便、発送　□ **fertilizer** 名 肥料
□ **place an order** 注文する

Set 2

間違えた問題はもちろん、正解の理由が明確になっていない問題は、自分でしっかり根拠を示せるまで学習しましょう。スコアアップは、しっかりした復習から生まれます。

　1周、2周、3周…と、自分で納得するまで続けましょう。トレーニングは裏切りません。

Set 2	実 施 日	正 答 数
1回目	月　　日	／30問
2回目	月　　日	／30問
3回目	月　　日	／30問
4回目	月　　日	／30問
5回目	月　　日	／30問

31. Please call Esperance Designs at 555-0166 for more information ------- custom jewelry orders.

(A) to
(B) over
(C) about
(D) along

32. TransPay Online uses a ------- of security measures to ensure that only its customers can access their personal accounts.

(A) variety
(B) various
(C) varied
(D) varying

33. The talk by award-winning film director Donald O'Reilly has been ------- until next Wednesday.

(A) postpone
(B) postponing
(C) postponed
(D) postponement

訳 宝飾品の特別注文品に関する詳細は、Esperance Designs、555-0166 までお電話ください。

前の more information（詳細）と後ろの custom jewelry orders（宝飾品の特別注文品）をつなぐには、(C) about（〜に関する）が適切。

□ **custom** 形 特別注文の　□ **jewelry** 名 宝飾品

訳 TransPay Online の利用者のみが個人のアカウントにアクセスできることを保証するため、同社はさまざまなセキュリティー対策を講じている。

前に冠詞a、後ろに前置詞of があるので、名詞の (A) variety を選ぶ。a variety of 〜で「さまざまな〜」。動詞 ensure は that 節を伴い ensure that 〜で「〜を保証する」。

□ **measure** 名 対策

訳 受賞歴のある映画監督 Donald O'Reilly による講演は、来週の水曜日まで延期された。

主語 talk（講演）と動詞 postpone（延期する）の間には受動の関係があるので、(C) postponed を使って受動態にする。

□ **award-winning** 形 受賞歴のある
□ **director** 名（映画などの）監督
□ **postponement** 名 延期

34. Passengers were shown a menu with in-flight meal options prior to departure and asked to indicate which one ------- preferred.

(A) they
(B) them
(C) theirs
(D) themselves

35. Since Mr. Bianchi is away on business, we ------- that Ms. Anderson take his place in the meeting tomorrow.

(A) suggest
(B) express
(C) remain
(D) invite

36. If you have already updated to the ------- version of Dox-Manage software, please disregard this reminder.

(A) late
(B) lately
(C) latest
(D) lateness

訳 乗客は出発前に機内食の選択肢が載ったメニューを見せられ、どれを好むかを示すよう求められた。

後ろにある動詞preferred (好んだ) の主語となる(A) they が適切。このtheyは文頭のPassengers (乗客) を受ける。

□ **in-flight** 形 機内の　□ **prior to** 〜　〜の前
□ **departure** 名 出発　□ **indicate** 動 示す

訳 Bianchiさんが商用で不在なので、私たちは明日Andersonさんが彼の代わりに会議に出席することを提案する。

カンマ前の「Bianchiさんが商用で不在なので」とthat以下の「Andersonさんが彼の代わりに会議に出席すること」から、(A) suggest (提案する) が適切。提案を表す動詞suggestに続くthat節では、動詞が原形になるので、主語が3人称単数でもtakeにsが付かない (仮定法現在)。

□ **on business** 商用で
□ **take one's place** (人の) 代わりをする
□ **express** 動 表す　□ **remain** 動 残存する、残る

訳 Dox-Manage ソフトの最新版にすでに更新済の場合は、このリマインダーは無視してください。

the latest version of 〜で「〜の最新版」の意味になるので、形容詞の(C) latest (最新の) が適切。(A) late にも形容詞の用法があるが、「遅い、遅れた」という意味なので、不可。

□ **update** 動 更新する　□ **disregard** 動 無視する
□ **reminder** 名 思い出させるもの、リマインダー
□ **late** 形 遅い　副 遅れて　□ **lately** 副 最近
□ **lateness** 名 遅れること

37. Store clerks who are willing to work ------- shifts during the holiday season should let a supervisor know by November 30.

(A) addition
(B) adding
(C) additional
(D) additionally

38. Maxine's Diner is a popular restaurant that serves a wide range of inexpensive ------- delicious dishes.

(A) also
(B) both
(C) despite
(D) yet

39. Contact details must be kept ------- so that we can inform members of any workshop cancellations or schedule changes.

(A) current
(B) aware
(C) serious
(D) alert

訳 休暇シーズン中に追加のシフトで働く意思がある店員は、11月30日までに管理職に知らせなければならない。

後ろの名詞shifts（シフト）を修飾する語として、形容詞の(C) additional（追加の）が適切。

□ **willing to ～**　～する意思がある
□ **supervisor**　名 管理職

訳 Maxine's Diner は、安価だが美味しいさまざまな料理を出す人気のレストランである。

(D) yetには「まだ」の他に「～だが」という意味がある。これを使い、inexpensive yet delicious（安価だが美味しい）とすると、2つの形容詞が共に後ろの名詞dishes（料理）を修飾する形になり、文意に合う。

□ **serve**　動（料理を）出す
□ **a wide range of**　さまざまな～
□ **inexpensive**　形 安価な

訳 ワークショップのキャンセルやスケジュール変更をメンバーに知らせられるように、連絡先の詳細は最新の状態に保たれていなければならない。

「ワークショップのキャンセルやスケジュール変更をメンバーに知らせられるように」という文意から、(A) current（最新の）が適切。must be kept current（最新の状態に保たれていなければならない）は、must keep contact information current の受動態。keep A ～で「Aを～に保つ」。

□ **aware**　形 気付いて　□ **serious**　形 真剣な
□ **alert**　形 警戒した

40. To increase ------- between departments, the vice president has organized a series of team-building workshops.

(A) cooperates
(B) cooperative
(C) cooperation
(D) cooperatively

41. Front desk employees should always ------- visitors with eye contact and a friendly smile.

(A) acknowledge
(B) accomplish
(C) implement
(D) extend

42. The Helios Convention Hall is ------- located and offers easy access to many shopping and dining options.

(A) center
(B) central
(C) centered
(D) centrally

訳 部署間の協力を高めるために、副社長は一連のチーム育成ワークショップを企画した。

前の動詞 increase(高める)の目的語として機能する、名詞の (C) cooperation(協力)が正解。To increase cooperation between departments で「部署間の協力を高めるために」。

☐ **team-building** 形 チーム育成のための
☐ **cooperate** 動 協力する　☐ **cooperative** 形 協力的な
☐ **cooperatively** 副 協力的に

訳 フロントデスクの従業員は、常に目線を合わせて親しみある笑顔で来訪者にあいさつをする必要がある。

------- visitors with eye contact and a friendly smile(目線を合わせて親しみある笑顔で来訪者に -------)という文意に合うのは、(A) acknowledge(あいさつをする)。acknowledge は「認める」という意味に加え、「受け取ったことを知らせる、気付いたことを知らせる、あいさつをする」などの意味を持つ。

☐ **friendly** 形 親しみのある　☐ **accomplish** 動 達成する
☐ **implement** 動 実行する　☐ **extend** 動 延ばす

訳 Helios Convention Hall は中心部にあり、多くの買い物や飲食の場所へ行きやすい。

後ろの located(～にある)を修飾するには、副詞の (D) centrally(中心に)が適切。centrally located で「中心部にある」。

☐ **easy access to ～** ～への行きやすさ
☐ **option** 名 選択肢(問題文では、店の選択肢の意)

15

43. Salespeople at Acorn Solutions were more
------- when they used attractive visuals
during their presentations.

(A) persuade
(B) persuasive
(C) to persuade
(D) persuasion

44. ------- who would like to take part in the
Windigo River cleanup should sign up this
week.

(A) Another
(B) Anyone
(C) Something
(D) Sometime

45. Candidates applying for the position at
Westcott Enterprises must have a degree
in ------- from an accredited institution.

(A) accounted
(B) accountant
(C) accounting
(D) accountable

訳 Acorn Solutions の営業担当者は、プレゼンテーション中に魅力的な視覚資料を使った時、より説得力があった。

Salespeople at Acorn Solutions were more ------- (Acorn Solutions の営業担当者は、より ------- であった) となっており、〈be 動詞 + more〉の後ろに空欄があるので、形容詞の (B) persuasive (説得力のある) が適切。後ろの「プレゼンテーション中に魅力的な視覚資料を使った時」とも意味的に合う。

□ **attractive** 形 魅力的な
□ **visual** 名 (通常複数形 visuals で) 視覚資料　形 視覚的な
□ **persuade** 動 説得する　□ **persuasion** 名 説得

訳 Windigo River 浄化運動に参加を希望する人は誰でも、今週、申し込まなければならない。

空欄後の who は人を先行詞に取る関係代名詞なので、人を表す (B) Anyone を選ぶ。Anyone who would like to ~ で「~したい人は誰でも」。

□ **take part in** ~ ~に参加する
□ **cleanup** 名 浄化運動　□ **sign up** 申し込む

訳 Westcott Enterprises での職に応募する候補者は、認定機関の出す会計学の学位を持っていなければならない。

a degree in ~ は「~の学位」の意味なので、学位の種類を表す (C) accounting (会計学) が適切。

□ **accredited** 形 認可された　□ **institution** 名 機関
□ **account** 動 ~を説明する、収支報告する
□ **accountant** 名 会計士
□ **accountable** 形 責任がある

46. The details of the proposed merger are strictly ------- and therefore cannot be shared with anyone outside the company.

(A) confidential
(B) undetectable
(C) conditional
(D) assertive

47. By joining our mailing list, you ------- a quarterly newsletter featuring upcoming events in San Fernando.

(A) to receive
(B) will receive
(C) receiving
(D) will be received

48. The Roosevelt Tunnel in South Palmdale has finally reopened to traffic after several years of -------.

(A) association
(B) comprehension
(C) violation
(D) construction

訳 提案された合併の詳細は極秘で、よって社外の誰とも共有する
ことはできない。

and 以下の「よって社外の誰とも共有することはできない」と
いう文意から、(A) confidential（秘密の）が適切。strictly
confidential で「厳密に秘密の、極秘の」。

□ **proposed** 形 提案された　□ **merger** 名 合併
□ **strictly** 副 厳密に　□ **therefore** 副 よって
□ **undetectable** 形 検知できない
□ **conditional** 形 条件付きの
□ **assertive** 形 自己主張の強い

訳 メールリストへ登録することにより、San Fernando での今後
のイベントを掲載する年4回の会報を受け取る。

空欄前の you が主語、後ろの a quarterly newsletter（年4回
の会報）が動詞の目的語になるので、能動態になる(B) will
receive が適切。

□ **quarterly** 形 年4回の　□ **feature** 動 掲載する
□ **upcoming** 形 今後の、来たる

訳 South Palmdale の Roosevelt トンネルは、数年間の工事の後、
ようやく通行が再開された。

「Roosevelt トンネルはようやく通行が再開された」という文
意から、after several years of ------- に合うのは、(D) con-
struction（工事）。after several years of construction で
「数年間の工事の後」。

□ **association** 名 協会、提携
□ **comprehension** 名 理解　□ **violation** 名 違反

54

49. Posting notices is permitted on ------- bulletin boards in the hallways of Walston University.

(A) designates
(B) designated
(C) designating
(D) designation

50. ------- being converted into a bank, the building at 102 Kipling Street was a public library.

(A) Either
(B) How
(C) Why
(D) Before

51. Staff members who went to the Dubai conference must ------- an expense report as well as receipts in order to receive reimbursement.

(A) submit
(B) submission
(C) submitting
(D) be submitted

訳 お知らせの掲示は、Walston大学の廊下の指定掲示板で許可されている。

bulletin boards (掲示板) を修飾する語として適切なのは、(B) designated (指定された)。designated bulletin boardsで「指定掲示板」。(C) designatingでは、掲示板自体が「指定している」の意味になってしまうので不可。

□ **post** 動 掲示する　□ **permit** 動 許可する
□ **designate** 動 指定する　□ **designation** 名 指定

訳 銀行に改装される前、102 Kipling Streetの建物は公立図書館だった。

カンマ以下の「102 Kipling Streetの建物は公立図書館だった」との関係から、(D) Before (〜前) を選ぶ。Before being converted into a bankで「銀行に改装される前」。

□ **convert** 動 改装する、転向させる　□ **public** 形 公共の

訳 ドバイ会議に出席した社員は、払い戻しを受けるために経費報告書と領収書を提出する必要がある。

前に助動詞のmustがあるので、空欄には動詞の原形が入る。主語のStaff members (社員) とsubmit (提出する) の間には、「社員が提出する」という能動の関係があるので、(A) submitが正解。

□ **expense** 名 経費　□ **reimbursement** 名 払い戻し
□ **submission** 名 提出

52. Analysts expect that the solar panel market will continue to experience steady ------- across Asia.

(A) length
(B) advance
(C) opening
(D) growth

53. After several hours of negotiations, the terms of the contract were ------- agreed upon by both parties.

(A) capably
(B) finally
(C) extremely
(D) steadily

54. Celebrity hairstylist Bruce McKnight will ------- publish a new handbook entitled *Scissor Snips and Style Tips*.

(A) early
(B) recently
(C) highly
(D) soon

訳 アナリストたちは、ソーラーパネル市場がアジア全体で着実な成長を続けると予想している。

「ソーラーパネル市場がアジア全体で着実な ------ を続ける」には、(D) growth (成長) が適切。steady growth across Asia で「アジア全体での着実な成長」。

□ **experience** 動 経験する　□ **steady** 形 着実な

訳 数時間の交渉の末、契約条件は双方によって、ようやく合意された。

「数時間の交渉の末、契約条件は双方によって、------- 合意された」には、(B) finally (ようやく) が適切。

□ **negotiation** 名 交渉
□ **term** 名 (複数形 terms で) (契約などの) 条件
□ **agree on/upon** ～　～について合意する
□ **both parties** 双方
□ **capably** 副 上手く　□ **extremely** 副 とても、極度に
□ **steadily** 副 着実に

訳 有名美容師である Bruce McKnight は、*Scissor Snips and Style Tips* と題された新しいハンドブックを近々出版する。

動詞 publish (出版する) を修飾するのに適切な副詞を選ぶ。will を使って未来のことを述べているので、(D) soon (近々) が正解。

□ **celebrity** 名 有名人　□ **hairstylist** 名 美容師
□ **publish** 動 出版する　□ **entitle** 動 題する
□ **highly** 副 非常に、高く

55. The stationery that Mr. Dugan ordered from Capital Supplies yesterday morning has already been -------.

(A) deliver
(B) delivering
(C) delivered
(D) delivery

56. Members of the Davenport Tourism Association are invited to ------- the opening ceremony of the Kingsley Gallery on May 2.

(A) participate
(B) attend
(C) register
(D) contribute

57. Capital Express attracts and retains talented individuals because it offers ------- remuneration and a comprehensive benefits package.

(A) satisfied
(B) preventable
(C) competitive
(D) experienced

訳 昨日の朝Duganさんが Capital Supplies から注文した文房具はすでに配達された。

主語の stationery（文房具）と動詞 deliver（配達する）の間には、「文房具が配達される」という受動の関係があるので、受動態を作る (C) delivered が正解。

訳 Davenport観光協会の会員は、5月2日のKingsley Galleryの開館式へ出席するよう招かれている。

invited to ------- the opening ceremony（開館式へ ------- するよう招かれている）となっているので、(B) attend（出席する）が適切。(A) participate（参加する）は後ろに in が必要。

□ **tourism** 名 観光　□ **association** 名 協会
□ **register for ～** ～に登録する
□ **contribute to ～** ～に貢献する

訳 他社に負けない報酬と総合的な福利厚生を提供しているので、Capital Express は才能ある人材を引きつけ、留まらせている。

「才能ある人材を引きつけ、留まらせている」ことの理由をbecause 以下で説明しているので、remuneration（報酬）を修飾する形容詞として、(C) competitive（他に負けない）が適切。

□ **attract** 動 引きつける　□ **retain** 動 留まらせる
□ **talented** 形 才能ある　□ **comprehensive** 形 包括的な
□ **benefits package**（一括のセットになった）福利厚生
□ **satisfied** 形 満足している
□ **preventable** 形 避けられる
□ **experienced** 形 経験豊富な

58. Isaac Gagnier agreed with his business partners that they should commission a ------- designed logo for their fitness club.

(A) profitably
(B) helpfully
(C) professionally
(D) commonly

59. Despite weeks of harsh weather conditions, work on the railway between Westbrook and Ellis City was completed ------- schedule.

(A) close to
(B) ahead of
(C) about to
(D) aside from

60. An investigation is underway to determine ------- the defect was caused by human error in the manufacturing process.

(A) although
(B) whereas
(C) neither
(D) whether

訳 Isaac Gagnierは、フィットネスクラブ用にプロによってデザインされたロゴを発注するべきであるという点で共同経営者たちと同意した。

「フィットネスクラブ用にロゴを発注するべきである」という文意から、空欄後のdesigned（デザインされた）を修飾する副詞として、(C) professionally（プロによって）が適切。

□ **commission** 動 発注する　□ **profitably** 副 有益に
□ **helpfully** 副 役立つように　□ **commonly** 副 主に

訳 数週間に渡る悪天候にもかかわらず、WestbrookとEllis Cityの間の鉄道工事は予定より早く終わった。

前半にDespite weeks of harsh weather conditions（数週間に渡る悪天候にもかかわらず）とあるので、(B)を使って、ahead of schedule（予定より早く）とする。

□ **harsh** 形 厳しい　□ **complete** 動 終える
□ **close to ～** ～のそばに　□ **about to ～** ～するところ
□ **aside from ～** ～の他に

訳 欠陥が製造プロセスにおける人為的ミスによって起こされたのかどうかを究明するため、調査が進行中である。

後ろに主語と動詞が続いているので、(D) whether（～かどうか）を使って名詞節をつくり空欄前のdetermine（究明する）の目的語として機能させる。

□ **investigation** 名 調査　□ **underway** 形 進行中の
□ **defect** 名 欠陥　□ **manufacturing** 名 製造
□ **whereas** 接 ～であるのに対して

Set 3

間違えた問題はもちろん、正解の理由が明確になっていない問題は、自分でしっかり根拠を示せるまで学習しましょう。スコアアップは、しっかりした復習から生まれます。

　1周、2周、3周…と、自分で納得するまで続けましょう。トレーニングは裏切りません。

Set 3	実 施 日	正 答 数
1回目	月　　　日	／30問
2回目	月　　　日	／30問
3回目	月　　　日	／30問
4回目	月　　　日	／30問
5回目	月　　　日	／30問

61. ------- can reserve the second-floor conference room by calling the hotel front desk.

(A) You
(B) Your
(C) Yours
(D) Yourself

62. Although many Midlands Rail stations are in poor condition, the railroad itself remains ------- and is well maintained.

(A) inactive
(B) operational
(C) conditional
(D) immediate

63. The discount voucher from Electronics Planet is valid for any items ------- in the store before September 1.

(A) purchase
(B) purchases
(C) purchasing
(D) purchased

訳 ホテルのフロントにお電話いただければ、2階の会議室をご予約いただけます。

空欄後に can reserve 〜（〜を予約できる）が続くので、主語となる(A) You が正解。

□ **reserve** 動 予約する　□ **conference** 名 会議
□ **hotel front desk** ホテルのフロント

訳 Midlands Rail の駅は劣悪な状態だが、線路自体は運行可能な状態を保ち、そして良く整備されている。

カンマ前の「Midlands Rail の駅は劣悪な状態だが」は、後半の文意とは対比関係にあるので、「劣悪な状態だが運行可能な状態を保っている」という意味になる、(B) operational（運行可能な）が適切。remain operational で「運行可能な状態を保つ」。

□ **remain** 動 保つ　□ **well maintained** 良く整備された
□ **inactive** 形 無活動の　□ **conditional** 形 条件付きの
□ **immediate** 形 すぐの

訳 Electronics Planet の割引券は、9月1日より前に店内で購入されたどの商品にも有効です。

空欄とそれに続く ------- in the store before September 1（9月1日より前に店内で-------）の部分が、前の any items（どの商品）にかかっている。商品は「購入される」ものなので、受動の意味を表す(D) purchased を使い「9月1日より前に店内で購入されたどの商品（にも）」とする。

□ **discount voucher** 割引券　□ **valid** 形 有効な
□ **purchase** 動 購入する　名 購入品

66

64. The Clearview Inn manager requested that new fire extinguishers be ------- on each floor of the building.

(A) placed
(B) transmitted
(C) cleared
(D) intended

65. In June, the home improvement store Brentwood Supplies sold more ------- twice as many barbecues as it had sold in May.

(A) before
(B) than
(C) so
(D) as

66. As a supervisor, Mr. Yamura must make sure that all employees complete their tasks in a ------- and efficient manner.

(A) time
(B) times
(C) timely
(D) timer

64. 正解 (A) placed　語彙

訳 Clearview Inn の支配人は、新しい消火器が建物の各階に設置されるように求めた。

「新しい消火器が建物の各階に ------- ように求めた」には、(A) placed（設置される）が適切。要望を表す動詞 request（求める）の後ろの that 節では仮定法現在になるため、be 動詞が原形になっている。

□ **fire extinguisher** 消火器　□ **transmit** 動 送信する
□ **clear** 動 クリアにする　□ **intend** 動 意図する

65. 正解 (B) than　語法

訳 6月、Brentwood Supplies ホームセンターは、5月に販売した2倍以上の数のバーベキュー用具を販売した。

空欄前に more があるので、(B) than を使い more than 〜（〜以上）とする。more than twice as many barbecues as 〜で「〜より2倍以上の数のバーベキュー用具」。

□ **home improvement store** ホームセンター
□ **barbecue** 名 バーベキュー用具

66. 正解 (C) timely　品詞

訳 管理者として、Yamura さんは、すべての従業員がタイミングよく効率的な方法で職務を遂行することを確認しなければならない。

a ------- and efficient manner という並びなので、空欄に入る語は形容詞 efficient（効率的な）と共に名詞 manner（方法）を修飾する。よって、形容詞の (C) timely（タイミングのよい）が適切。in a timely and efficient manner で「タイミングよく効率的な方法で」。

□ **supervisor** 名 管理者
□ **complete** 動 遂行する、終える

67. A ------- shortage of laborers in the country has kept farmers struggling to find fruit pickers.

(A) note
(B) noting
(C) notable
(D) notably

68. If you subscribe to *Photoshot Magazine* before December 1, your name will be ------- entered into a drawing to win a prize.

(A) economically
(B) exactly
(C) strictly
(D) automatically

69. Captain Parsons is an expert navigator, ------- Mr. Murphy has only a little experience in navigating ships.

(A) unlike
(B) as far as
(C) whereas
(D) in order that

訳 国内の労働者の著しい不足は、農家に果物摘み作業員を探すのに苦労をさせている。

名詞shortage（不足）を修飾するには、形容詞の (C) notable（著しい）が適切。A notable shortage of laborers で「労働者の著しい不足」。

□ **struggle** 動 苦労する　　□ **picker** 名 摘み作業員
□ **note** 動 注目する　　□ **notably** 副 著しく

訳 12月1日以前に *Photoshot Magazine* を定期購読されると、自動的にあなたのお名前が賞品の当たる抽選に登録されます。

be entered（登録される）を修飾する副詞として、(D) automatically（自動的に）が適切。

□ **subscribe** 動 定期購読する　　□ **drawing** 名 抽選
□ **prize** 名 賞品　　□ **economically** 副 経済的に
□ **exactly** 副 正確に　　□ **strictly** 副 厳密に

訳 Parsons船長は熟練した航海士であるが、一方Murphyさんはわずかな航行経験しかない。

カンマ前後の文にそれぞれ主語と動詞があるので、空欄には接続詞が入る。前の「船長は熟練した航海士である」と後ろの「Murphyさんはわずかな航行経験しかない」をつなぐには、対比の意味を表す (C) whereas（～であるが、一方）が適切。

□ **expert** 形 熟練の　　□ **navigator** 名 航海士
□ **navigate** 動 航行する　　□ **unlike** 前 ～とは異なり
□ **as far as ～** ～に関する限りは
□ **in order that ～** ～のために

70. The director of Sweeny Supermarkets praised Ms. Rodrigo for her innovative solutions for ------- waste at the stores.

(A) reduce
(B) reducing
(C) reduces
(D) reduction

71. Customers living outside of Houston are ------- to allow at least one week for delivery of their orders.

(A) advice
(B) advisors
(C) advised
(D) advisable

72. Those attending the trade show must ------- their identification badges upon entering the Atlantic Convention Hall.

(A) state
(B) admit
(C) hand
(D) present

訳 Sweeny Supermarketsの役員は、店舗での廃棄物を減らすためのRodrigoさんの革新的な解決策を称賛した。

前に前置詞for、後ろに名詞waste（廃棄物）があるので、動名詞の(B) reducingが適切。for reducing wasteで「廃棄物を減らすため」。動名詞は、後ろに目的語を取ることができ、ここではwasteがreducingの目的語となっている。

□ **praise** 動 称賛する　□ **innovative** 形 革新的な
□ **solution** 名 解決策　□ **reduction** 名 減少

訳 ヒューストン市外にお住まいのお客様には、注文品の配達に少なくとも1週間見込んでいただくよう、ご案内しております。

be advised to 〜で「〜することを助言される」の意味になるので、(C) advisedが正解。(D) advisable（望ましい）は、It is advisable to 〜（〜するのが望ましい）の形で使う。

□ **allow** 動 見込む　□ **delivery** 名 配達
□ **advise** 動 助言する

訳 見本市に参加する人は、Atlantic Convention Hallに入場する際に身分証バッジを提示しなくてはならない。

their identification badges（身分証バッジ）を目的語に取り、「見本市に参加する人は、入場する際に -------しなければならない」という文意に合うのは、(D) present（提示する）。(C) hand（渡す）は、hand〈人〉〈物〉またはhand〈物〉to〈人〉の形で使う（ここでは〈人〉に対応する語がないので不可）。

□ **attend** 動 参加する　□ **trade show** 見本市
□ **state** 動 述べる　□ **admit** 動 認める

73. ------- the recent increase in bus routes in Weyburn City, many residents still feel that the transportation system requires improvements.

(A) In spite of
(B) Although
(C) Even so
(D) When

74. According to the building manager, bicycles must be ------- in the racks next to the parking lot.

(A) kept
(B) keep
(C) keeps
(D) keeping

75. Registration fees are adjusted ------- to reflect changes made every year in the costs of textbooks and other materials.

(A) exceptionally
(B) formerly
(C) suddenly
(D) annually

73. 正解 (A) In spite of　前置詞 vs. 接続詞

訳 Weyburn City でのバスルートの増加にもかかわらず、多くの住民は交通システムの改善が必要だとまだ感じている。

後ろに the recent increase in bus routes in Weyburn City という名詞句が続き、カンマで区切られているので、(A) In spite of (〜にもかからわず) が正解。(B) Although (〜にもかかわらず) は接続詞なので、後に節が必要。(C) Even so は、前に述べられたことを受けて「たとえそうであっても」という意味になる。

□ **resident** 名 住民　□ **transportation** 名 交通
□ **require** 動 必要とする　□ **improvement** 名 改善

74. 正解 (A) kept　態

訳 ビルの管理人によれば、自転車は駐車場の隣の駐輪ラックに置かれなければならない。

bicycles (自転車) と keep (置く) の関係を考える。自転車は「置かれる」ものなので、(A) kept を使い、受動態にする。

□ **building manager** ビルの管理人　□ **rack** 名 ラック

75. 正解 (D) annually　語彙

訳 毎年変更されるテキストやその他の教材の費用を反映するため、受講料は毎年調整される。

adjusted (調整される) を修飾するのに適切な副詞を選ぶ。「毎年変更されるテキストやその他の教材の費用を反映するため」という文意から、(D) annually (毎年) が適切。

□ **adjust** 動 調整する　□ **reflect** 動 反映する
□ **change in 〜** 〜の変更　□ **material** 名 資料、教材
□ **exceptionally** 副 例外的に　□ **formerly** 副 以前は
□ **suddenly** 副 突然に

76. Wright Architecture provided not only the blueprints of the stadium but also a miniature model of the -------.

(A) structure
(B) structuring
(C) structurally
(D) structured

77. When you register for the banquet online, please select your meal ------- from the drop-down list.

(A) direction
(B) preparation
(C) recognition
(D) preference

78. The number of people in Bellevue who commute to work ------- bicycle has doubled in the last five years.

(A) at
(B) for
(C) by
(D) in

訳 Wright Architecture はスタジアムの設計図だけでなく建物のミニチュア模型も提供した。

(A) structure（建物）を選び、a miniature model of the structure（建物のミニチュア模型）とすると、the blueprints of the stadium（スタジアムの設計図）と対になり、文意が通る。

□ **blueprint** 名 設計図、図面
□ **structure** 名 建物、建造物 動 構築する
□ **structuring** 名 構築化 □ **structurally** 副 構造的に

訳 インターネット上で晩餐会に登録する際、ドロップダウン・リストから食事の好みを選んでください。

「インターネット上で晩餐会に登録する際、食事の ------- を選ぶ」という文意に合うのは、(D) preference（好み）。meal preference で「食事の好み」。

□ **banquet** 名 晩餐会
□ **direction** 名 方向、（複数形 directions で）指示
□ **preparation** 名 準備 □ **recognition** 名 認識、表彰

訳 自転車で通勤する Bellevue の住民の数は、過去5年間で倍になった。

通勤方法を述べているので、交通手段を示す (C) by（～によって）が適切。commute to work by bicycle で「自転車で通勤する」。

□ **resident** 名 住民 □ **commute** 動 通勤する
□ **double** 動 倍になる

79. ------- your mailing address has changed, please inform the subscriptions department of *Newton Science* as soon as possible.

(A) If
(B) Upon
(C) Even though
(D) Because of

80. Throughout his long career at Windam Energy, Mr. Hughes ------- his knowledge and expertise with many colleagues.

(A) sharing
(B) to share
(C) has shared
(D) was shared

81. Ms. Nolan's design for the courthouse was ------- regarded by her colleagues and representatives of the city planning commission.

(A) high
(B) height
(C) highly
(D) highest

79. 正解 (A) If　前置詞 vs. 接続詞

訳 もし郵送先住所に変更があれば、*Newton Science* の定期購読部まで、できるだけ早くお知らせください。

(A) If を使って、「もし郵送先住所に変更があれば」とすると、カンマ後の「*Newton Science* の定期購読部まで、できるだけ早くお知らせください」と上手くつながる。

□ **upon** 前 〜したらすぐに
□ **even though** 〜　〜にも関わらず

80. 正解 (C) has shared　動詞の形

訳 Windam Energy での長いキャリアを通して、Hughes さんは彼の知識と専門技術を多くの同僚と共有してきた。

Hughes さんが his knowledge and expertise（彼の知識と専門技術）を「共有する」ので、能動態の (C) has shared が正解。これは現在完了形で、過去から現在まで続く事柄を示すので、文頭の Throughout his long career at Windam Energy（Windam Energy での長いキャリアを通して）と合う。

□ **knowledge** 名 知識　□ **expertise** 名 専門技術
□ **colleague** 名 同僚

81. 正解 (C) highly　品詞

訳 Nolan さんの裁判所庁舎のデザインは、彼女の同僚と都市計画委員会の代表者から高く評価された。

動詞 regarded（評価された）を修飾するには、副詞の (C) highly（高く）が適切。highly regarded で「高く評価される」。

□ **courthouse** 名 裁判所　□ **regard** 動 評価する
□ **colleague** 名 同僚　□ **representative** 名 代表者
□ **commission** 名 委員会　□ **height** 名 高さ

82. Guests at the Grand Hill Resort can enjoy a ------- view of the mountains from their room.

(A) spectacle
(B) spectacular
(C) spectacularly
(D) spectator

83. The weather forecaster reported that the lower temperatures will make several centimeters of snowfall ------- in the region.

(A) capable
(B) possible
(C) available
(D) permissible

84. All of the participants in the skincare workshop were familiar with Madalena Cosmetics, ------- advertisements often appear on TV.

(A) how
(B) what
(C) which
(D) whose

訳 Grand Hill リゾートの宿泊客は、部屋から山々の壮大な景色を楽しむことができる。

名詞view（景色）を修飾するには、形容詞の(B) spectacular（壮大な）が適切。

□ **spectacle** 名 壮観　□ **spectacularly** 副 見事に
□ **spectator** 名 観客

訳 気象予報士は、低気温がその地域で数センチの積雪を可能にすると報告した。

make 〜 possible で「〜を可能にする」の意味になるので、(B) possible を使い、make several centimeters of snowfall possible（数センチの積雪を可能にする）とする。

□ **weather forecaster** 気象予報士
□ **temperature** 名 温度、気温
□ **region** 名 地域　□ **capable** 形 有能な
□ **available** 形 利用可能な　□ **permissible** 形 許される

訳 スキンケアワークショップの全参加者は、テレビに広告が頻繁に出る Madalena Cosmetics のことをよく知っていた。

(D) whose を使うと、whose advertisements で「Madalena Cosmetics の広告」の意味になり、often appear on TV（テレビに頻繁に出る）の主語として上手く機能する。

□ **participant** 名 参加者
□ **be familiar with 〜** 〜のことをよく知っている
□ **appear** 動 出る、現れる

85. Last-minute requests for our interpreting services will be accommodated based ------- the availability of our interpreters.

(A) of
(B) on
(C) with
(D) from

86. Herston Builders is doing ------- possible to meet the deadline for completing construction of the water treatment plant.

(A) everything
(B) most
(C) whenever
(D) this

87. Mr. Alvin's plane has been delayed in Jakarta, so he is ------- to attend the shareholders meeting this afternoon.

(A) unable
(B) unreasonable
(C) insufficient
(D) impossible

訳 通訳サービスへの直前の依頼には、当社通訳陣の空き状況に基づきご対応いたします。

basedの後ろに続く前置詞として、(B) onが適切。based on 〜で「〜に基づき」の意味になる。

□ **last-minute** 形 直前の　□ **interpret** 動 通訳する
□ **accommodate** 動 対応する
□ **availability** 名 空き状況　□ **interpreter** 名 通訳者

訳 Herston Buildersは、水処理施設の建設完了の期限に間に合わせるために可能なことすべてを行っています。

前にis doing、後ろに形容詞possible（可能な）があるので、(A) everything（すべて）を使い、is doing everything possible（可能なことすべてを行っている）とする。

□ **deadline** 名 期限　□ **complete** 動 完了させる
□ **construction** 名 建設　□ **water treatment** 水処理
□ **plant** 名 プラント、施設、工場

訳 Alvinさんの飛行機はジャカルタで遅れているので、彼は今日の午後のシンガポールでの株主総会に出席できない。

カンマ前に「Alvinさんの飛行機はジャカルタで遅れている」とあるので、so以下はその結果として起こることを示している。よって、「株主総会に出席できない」の意味になる、(A) unable（できない）が適切。

□ **attend** 動 出席する
□ **shareholders meeting** 株主総会
□ **unreasonable** 形 不当な　□ **insufficient** 形 不十分な
□ **impossible** 形 不可能な

88. Phillips & Palmer is a ------- large firm based in Toronto that specializes in international trade and investment law.

(A) jointly
(B) closely
(C) normally
(D) relatively

89. Available in sixteen colors, Moorcoat wood stains are designed ------- for outdoor applications such as decks and patio furniture.

(A) exclude
(B) exclusion
(C) exclusive
(D) exclusively

90. Prior to becoming the director of Odessa General Hospital, Ms. Lamont ------- as its chief financial officer.

(A) served
(B) employed
(C) involved
(D) appointed

88. 正解 (D) relatively　語彙

訳 Phillips & Palmer は、トロントに拠点を置く国際貿易投資法を専門とする比較的大きい法律事務所である。

形容詞 large を修飾する副詞として、(D) relatively（比較的）が適切。relatively large で「比較的大きい」。

□ **based in** ～　～を拠点とする

□ **specialize in** ～　～を専門とする　　□ **trade** 名 貿易

□ **investment** 名 投資　□ **jointly** 副 合同で

□ **closely** 副 親密に　□ **normally** 副 普通は

89. 正解 (D) exclusively　品詞

訳 16色取り揃えている Moorcoat の木材用塗装剤は、デッキやパティオ家具などの屋外使用専用に作られています。

動詞の過去分詞 designed（作られている）を修飾するには、副詞の (D) exclusively（専用に）が適切。designed exclusively for outdoor applications で「屋外使用専用に作られている」。

□ **wood stain** 木材用塗装剤

□ **application** 名 使用、利用

□ **exclude** 動 除く　□ **exclusion** 名 除外

□ **exclusive** 形 専用の

90. 正解 (A) served　語彙

訳 Odessa 総合病院の院長になる以前、Lamont さんは最高財務責任者を務めた。

serve as ～で「～としての職を務める」という意味になるので、(A) served（務めた）が正解。employ（雇用する）と appoint（任命する）は、was employed as ～（～として雇われた）／was appointed as ～（～に任命された）のように受動態にする必要がある。

□ **director** 名 院長、理事長　□ **involve** 動 関与する

Set 4

間違えた問題はもちろん、正解の理由が明確になっていない問題は、自分でしっかり根拠を示せるまで学習しましょう。スコアアップは、しっかりした復習から生まれます。

　1周、2周、3周…と、自分で納得するまで続けましょう。トレーニングは裏切りません。

Set 4	実施日		正答数
1回目	月	日	／30問
2回目	月	日	／30問
3回目	月	日	／30問
4回目	月	日	／30問
5回目	月	日	／30問

91. The mayor will make an official ------- about the park development project at a press conference scheduled for Thursday.

(A) announcement
(B) announce
(C) announcer
(D) announcing

92. Vehicles are not permitted to park ------- five meters of any fire hydrant in Calhoun City.

(A) for
(B) within
(C) into
(D) about

93. When giving a presentation at a conference, use language that will help your audience understand you -------.

(A) clear
(B) clarity
(C) clarify
(D) clearly

訳 市長は、木曜日に予定されている記者会見で、公園開発計画についての公式発表を行う。

前に形容詞 official（公式の）、後ろに前置詞 about（〜についての）があるので、空欄には名詞の (A) announcement（発表）が入る。(C) announcer（アナウンサー）も名詞だが、文意に合わない。

□ **mayor** 名 市長　□ **development** 名 開発
□ **press conference** 記者会見　□ **schedule** 動 予定する
□ **announce** 動 発表する

訳 Calhoun 市では、車両は消火栓から5メートル以内に駐車することは許可されていない。

park ------- five meters of any fire hydrant（消火栓から5メートル ------- 駐車する）には、(B) within（〜以内に）が適切。

□ **vehicle** 名 車両　□ **permit** 動 許可する
□ **fire hydrant** 消火栓

訳 会議でプレゼンを行うときは、聴衆がはっきりと理解するのに役立つ言葉を使ってください。

空欄前の understand you（あなたを理解する）を修飾するには、副詞の (D) clearly（はっきりと）が適切。(A) clear も副詞の用法があり、「はっきりと」という意味を持つが、知覚動詞や他の限られた動詞のみに用いられ、understand（理解する）と共には使われない。

□ **conference** 名 会議　□ **audience** 名 聴衆
□ **clarity** 名 明瞭さ　□ **clarify** 動 はっきりさせる

94. The technical support department of Accentral Software ------- open 24 hours a day and 7 days a week.

(A) attends
(B) carries
(C) remains
(D) belongs

95. The Skill Development Center has 40 computers, so its seminars are ------- to the first 40 registrants.

(A) limit
(B) limits
(C) limiting
(D) limited

96. Customers who have made a ------- payment will be billed for the remainder in the following month.

(A) partial
(B) similar
(C) frequent
(D) scarce

94. 正解 (C) remains 語彙

訳 Accentral Softwareの技術サポート部は、1日24時間、週7日、営業している。

(C) remainsは後ろに形容詞を取り、「～のままでいる」という意味になる。空欄後のopen (営業中の) は形容詞なので、これが正解。remains open 24 hours a dayで「1日24時間、営業している」。

□ **attend** 動 出席する　□ **carry** 動 運ぶ
□ **belong** 動 属する

95. 正解 (D) limited 品詞

訳 職能開発センターにあるコンピューターは40台なので、セミナーは最初の40名の登録者に限られる。

be limited to ～で「～に限られる」の意味になるので、(D) limitedを選ぶ。are limited to the first 40 registrantsで「最初の40名の登録者に限られる」。

□ **limit** 動 制限する　名 限界　□ **limiting** 形 制限する

96. 正解 (A) partial 語彙

訳 一部支払いをした顧客は、翌月に残額が請求される。

空欄後のpaymentを修飾するのに適切な形容詞を選ぶ。「翌月に残額が請求される」から、(A) partial (一部の) が適切。partial paymentで「一部の支払い」。

□ **bill** 動 請求する　□ **remainder** 名 残り
□ **similar** 形 似た
□ **frequent** 形 頻繁な　□ **scarce** 形 乏しい

97. Engineers at Belem Circuits have been working on ------- a new type of fuel cell.

(A) develop
(B) developed
(C) developing
(D) development

98. At the request of the board of directors, the personnel manager ------- the employee handbook last month.

(A) revises
(B) revised
(C) revising
(D) to revise

99. ------- is Smoothwik stronger than conventional plastics used for medical gloves, but it also retains its color longer.

(A) Not only
(B) On the condition that
(C) No sooner
(D) Provided that

訳 Belem Circuitsのエンジニアは、新しいタイプの燃料電池を開発することに取り組んでいる。

前置詞onに続き、a new type of fuel cell (新しいタイプの燃料電池) を目的語として取れるのは、動名詞の(C) developing。

□ **work on ～**　～に取り組む　□ **fuel cell**　燃料電池
□ **develop**　動 開発する　□ **development**　名 開発

訳 取締役会の要請により、人事部長は先月従業員ハンドブックを改訂した。

文末のlast month (先月) から過去のことについて述べているとわかるので、過去形の(B) revisedを選ぶ。

□ **board of directors**　取締役会
□ **personnel**　形 人事の
□ **revise**　動 改訂する

訳 Smoothwikは医療用手袋に使用されている従来のビニール素材より強いだけでなく、より長く色を保つ。

カンマ以下にbut it alsoがあるので、これとセット使われる(A) Not only が正解。not only A, but also Bで「AだけでなくBでもある」。not onlyが文頭に来ると直後に倒置が起こり、疑問文の語順になる。

□ **conventional**　形 従来の　□ **plastic**　名 ビニール
□ **medical glove**　医療用手袋　□ **retain**　動 保つ
□ **on the condition that ～**　～の条件で
□ **no sooner ～ (than)**　～するや否や
□ **provided that ～**　もし～ならば

100. During his lecture, Mr. Andrews used colorful slides and an amusing video to ------- the audience's attention.

(A) ease
(B) keep
(C) fill
(D) join

101. In light of its growing client base, Amclo Solutions plans to hire more customer service ------- next quarter.

(A) represent
(B) representation
(C) representative
(D) representatives

102. If you wish to erect a commercial sign on your property, please fill out the permit application form in its -------.

(A) capacity
(B) integrity
(C) originality
(D) entirety

訳 講演中、聴衆の注目を保つためにAndrewsさんは、色彩豊かなスライドと楽しい映像を使った。

「Andrewsさんは、色彩豊かなスライドと楽しい映像を使った」の目的として、to keep the audience's attention（聴衆の注目を保つために）が適切。

□ **amusing** 形 楽しい　□ **audience** 名 聴衆
□ **attention** 名 注目
□ **ease** 動 和らげる　□ **fill** 動 満たす　□ **join** 動 加わる

訳 成長している顧客基盤を考慮し、Amclo Solutionsは次の四半期、より多くの顧客サービス担当者を雇う予定である。

hire more customer service ------- （より多くの顧客サービス ------- を雇う）から、(D) representatives（担当者）が適切。

□ **in light of ～** ～を考慮して　□ **client base** 顧客基盤
□ **quarter** 名 四半期　□ **represent** 動 代表する
□ **representation** 名 表すこと、代表すること

訳 自分の土地に商業用看板を立てたい場合は、許可申請書を完全に記入してください。

(D)を使って、in its entiretyにすると「完全な形で＝完全に」の意味になり、許可申請書の記入上の注意を示す文意に合う。

□ **erect** 動 立てる　□ **commercial sign** 商業用看板
□ **property** 名 土地　□ **fill out ～** ～に記入する
□ **permit** 名 許可　□ **application** 名 申請書
□ **capacity** 名 容量　□ **integrity** 名 誠実
□ **originality** 名 創造性

103. Some employers look more ------- on job applicants who have experience working as volunteers.

(A) favor
(B) favorite
(C) favorable
(D) favorably

104. ------- for Hazazi Research Institute employees on overseas assignments are generally in company-owned dormitories.

(A) Accommodations
(B) Requirements
(C) Preparations
(D) Organizations

105. Weather forecasters reported that Monday would be warmer, but the temperature actually dropped to ------- freezing in the evening.

(A) far
(B) next
(C) below
(D) lower

訳 ボランティアとして働いた経験がある求職者をより好意的に見る雇用者もいる。

(D) favorably（好意的に）を使い、look more favorably on job applicants（求職者をより好意的に見る）にすると、意味が通る。(C) favorable（好ましく）を使った look more favorable は、「より好ましく見える」の意なので、文意に合わない。

□ **job applicant** 求職者　□ **favorite** 形 好みの

訳 Hazazi研究所職員の海外赴任時の宿泊施設は、通常会社所有の寮である。

「Hazazi研究所職員の海外赴任時の -------- は、通常会社所有の寮である」に合うのは、(A) Accommodations（宿泊施設）。

□ **institute** 名 研究所
□ **overseas assignment** 海外赴任
□ **company-owned** 形 会社所有の　□ **dormitory** 名 寮
□ **requirement** 名 必要条件　□ **preparation** 名 準備
□ **organization** 名 組織

訳 月曜日は暖かくなると気象予報士は発表したが、実際には、夕方気温は氷点下まで下がった。

below freezing で「氷点下」の意味なので、(C) below（～より下）が正解。freezing は、名詞で「氷点」、形容詞で「とても寒い」。

□ **weather forecaster** 気象予報士
□ **report** 動 発表する　□ **temperature** 名 温度、気温
□ **drop** 動 下がる

106. Supervisors should be ------- with scheduling when a staff member requests leave to attend a professional development workshop.

(A) flexed
(B) flexing
(C) flexible
(D) flexibility

107. Hartwell Shoes announced that ------- launching new formal footwear, it will also be releasing many casual items.

(A) aside
(B) in addition to
(C) moreover
(D) as soon as

108. The accountant listed all the travel expenses for ------- Mr. Osborne would be reimbursed.

(A) which
(B) when
(C) what
(D) who

106.　正解 (C) flexible　品詞　　▸▸▸

訳 職員が専門能力開発ワークショップに参加するために休暇を申請する際、監督者はスケジュールに融通を利かせるべきである。

flexible with scheduling で「スケジュールに融通を利かせる」という意味になるので、「職員が専門能力開発ワークショップに参加するために休暇を申請する際」という文意に合う。

□ **leave** 名 休暇　□ **attend** 動 参加する
□ **development** 名 開発　□ **flex** 動 曲げる
□ **flexibility** 名 柔軟性

107.　正解 (B) in addition to　語法　　▸▸▸

訳 Hartwell Shoes は、新しいフォーマルな履物を販売することに加え、多くのカジュアルな商品も発売すると発表した。

空欄からカンマまでは「新しいフォーマルな履物を販売すること」、カンマ後は「多くのカジュアルな商品も発売する」となっているので、(B) in addition to（〜に加え）を使うと上手くつながる。

□ **announce** 動 発表する　□ **launch** 動 販売する
□ **release** 動 発売する　□ **aside** 副 離れて、わきへ
□ **moreover** 副 加えて

108.　正解 (A) which　関係詞　　▸▸▸

訳 経理担当者は、Osborne さんに払い戻されるすべての旅費を挙げた。

(A) which を使うと、travel expenses（旅費）を先行詞に取り、for の目的語として機能する。

□ **accountant** 名 経理担当者、会計士
□ **expense** 名 出費
□ **reimburse** 動 払い戻す

109. Ms. Harris was supposed to give ------- a copy of the new catalog during the marketing meeting.

(A) everyone
(B) something
(C) one another
(D) themselves

110. Mr. Deaton is waiting for a ------- of fertilizer from Agritler Supplies for his corn field.

(A) renewal
(B) delivery
(C) storage
(D) transportation

111. A spokesperson for the Yongin Clinic noted that the surgical procedures performed there have a very high ------- rate.

(A) succeed
(B) success
(C) successful
(D) successfully

109. 正解 (A) everyone　代名詞

訳 Harrisさんは、マーケティング会議で全員に新しいカタログを一部ずつ渡すことになっていた。

(A) everyone（全員）を使うと、give everyone a copyで「全員に一部渡す」となり、意味が通る。

□ **be supposed to ～**　～することになっている

110. 正解 (B) delivery　語彙

訳 Deatonさんは、Agritler Suppliesからのトウモロコシ畑用の肥料の配達を待っている。

「トウモロコシ畑用の肥料の-------を待っている」という文意から、(B) delivery（配達）が正解。a delivery of fertilizerで「肥料の配達」。

□ **fertilizer** 名 肥料　□ **renewal** 名 更新
□ **storage** 名 貯蔵　□ **transportation** 名 輸送

111. 正解 (B) success　品詞

訳 Yongin Clinicの広報担当者は、同院で行われる外科手術は非常に高い成功率を収めていると述べた。

success rateで「成功率」という意味になるので、(B) success（成功）が正解。形容詞の(C) successful（成功した）も名詞を修飾するが、successful rateでは、「率」自体が成功しているという意味になってしまうので、不可。

□ **spokesperson** 名 広報担当者　□ **note** 動 言及する
□ **surgical** 形 外科の　□ **procedure** 名 手術
□ **perform** 動 行う　□ **rate** 名 率
□ **succeed** 動 成功する　□ **successfully** 副 首尾よく

112. The Waterloo Art Gallery will be closed until the end of February ------- the main foyer of the building is being renovated.

(A) meanwhile
(B) during
(C) despite
(D) because

113. The train station terminal in North Hampton provides travelers with several ------- for both casual and fine dining.

(A) distributions
(B) itineraries
(C) options
(D) receptions

114. Phylex Foods is currently seeking qualified ------- for the full-time position of quality assurance tester.

(A) experiments
(B) candidates
(C) applications
(D) possibilities

訳 建物のメインロビーが改装中なので、Waterloo Art Gallery は2月末まで閉館している。

前の「Waterloo Art Gallery は2月末まで閉館している」と後ろの「メインロビーは改装中である」をつなぐには、(D) because (～なので) が適切。空欄後に節が続くので、前置詞は不可。

□ **foyer** 名 ロビー　□ **renovate** 動 改装する
□ **meanwhile** 副 それまでの間に　□ **during** 前 ～の間
□ **despite** 前 ～にもかかわらず

訳 North Hampton の駅ターミナルは、旅行者にカジュアルな食事と高級な食事の両方の選択肢をいくつか提供している。

「カジュアルな食事と高級な食事の両方の ------- をいくつか提供している」には、(C) options (選択肢) が適切。provide A with B で「A に B を提供する」。

□ **fine** 形 高級な　□ **distribution** 名 配布、流通
□ **itinerary** 名 旅程　□ **reception** 名 歓迎会

訳 Phylex Foods は現在、品質保証検査官の正社員職へ資格のある候補者を探している。

currently seeking qualified ------- for the full-time position (現在、正社員職へ資格のある ------- を探している) には、(B) candidates (候補者) が適切。

□ **currently** 副 現在　□ **qualified** 形 資格のある
□ **quality assurance** 品質保証　□ **tester** 名 検査官
□ **experiment** 名 実験　□ **application** 名 応募、適応
□ **possibility** 名 可能性

115. The new postage rates for the international express mail service will not take ------- until March 1.

(A) effect
(B) effects
(C) effective
(D) effectively

116. Flight attendants are responsible for making sure all passengers are sitting ------- their assigned seats prior to takeoff.

(A) in
(B) to
(C) for
(D) out

117. Residents of Edenton were surprised by how ------- the new outdoor sculpture exhibit became a must-see attraction.

(A) eventually
(B) tightly
(C) similarly
(D) quickly

訳 国際速達郵便サービスの新郵便料金は、3月1日まで適用されない。

take は他動詞なので、後ろに目的語（名詞）が必要（形容詞や副詞は不可）。take effect で「効力が生じる＝適用される」という意味になるので、(A) effect（効力）が正解。この用法では、複数形は使わない。

□ **postage** 名 郵便　□ **rate** 名 料金
□ **express mail** 速達郵便　□ **effective** 形 効果的な
□ **effectively** 副 効果的に

訳 客室乗務員は、離陸前にすべての乗客が指定された席に座っていることを確認する責任がある。

(A) in を使い、sitting in their assigned seats（指定された席に座っている）とする。

□ **flight attendant** 客室乗務員
□ **responsible for ～** ～の責任がある
□ **assign** 動 指定する
□ **prior to ～** ～の前

訳 Edenton の住民は、新しい野外彫刻展がこれほど早く必見の催事になったことに驚かされた。

(D) quickly（早く）を使って、how quickly（これほど早く）にすると、文意に合う。

□ **outdoor** 形 野外の　□ **sculpture** 名 彫刻
□ **exhibit** 名 展示　□ **must-see** 形 必見の
□ **eventually** 副 結局は　□ **tightly** 副 堅く
□ **similarly** 副 同様に

118. Workers at the construction site are still wearing hard hats ------- there is no longer any need to wear one.

(A) so that
(B) in case
(C) as if
(D) even though

119. Yesterday morning, the director of Alton Hospital responded ------- to complaints from nurses regarding unpaid overtime hours.

(A) lately
(B) promptly
(C) increasingly
(D) potentially

120. Owing to the ------- popular shops and restaurants along Weswick Beach, the area has become trendy among young people.

(A) each
(B) both
(C) much
(D) many

訳 建設現場の労働者は、もはやヘルメットの着用は不要であるにもかかわらず、まだ着用している。

(D) even though（〜にもかかわらず）を使うと、空欄後が「もはや着用は不要であるにもかかわらず」となり、前の「建設現場の労働者はヘルメットをまだ着用している」と上手くつながる。

□ **construction site** 建設現場　□ **hard hat** ヘルメット
□ **no longer 〜** もはや〜でない
□ **so that 〜** 〜できるように
□ **in case 〜** もし〜であれば
□ **as if 〜** まるで〜であるかのように

訳 昨日の朝、Alton 病院の院長は、無給の残業に関する看護師からの苦情に迅速に対応した。

動詞 responded（対応した）を修飾する副詞として、(B) promptly（迅速に）が適切。文頭の Yesterday morning（昨日の朝）で時が規定されているので、(A) lately（最近）は不可。

□ **respond** 動 対応する　□ **complaint** 名 苦情
□ **regarding** 前 〜に関する　□ **unpaid** 形 無給の
□ **increasingly** 副 ますます　□ **potentially** 副 潜在的に

訳 Weswick Beach 沿いにある多くの人気の店やレストランのおかげで、この地域は若者の間で流行になっている。

後ろに名詞の複数形の popular shops and restaurants が続くので、(D) many（多くの）が正解。(B) both（両方の）は、冠詞 the の前に来る。

□ **owing to 〜** 〜のおかげで　□ **trendy** 形 流行の

Set 5

間違えた問題はもちろん、正解の理由が明確になっていない問題は、自分でしっかり根拠を示せるまで学習しましょう。スコアアップは、しっかりした復習から生まれます。

　1周、2周、3周…と、自分で納得するまで続けましょう。トレーニングは裏切りません。

Set 5	実 施 日	正 答 数
1回目	月　　　日	／30問
2回目	月　　　日	／30問
3回目	月　　　日	／30問
4回目	月　　　日	／30問
5回目	月　　　日	／30問

121. If you let ------- know when your flight is scheduled to arrive, I will be at the airport at that time.

(A) I
(B) my
(C) me
(D) myself

122. Attorneys at the law firm of Adams & Lewis are ------- skilled at dealing with claims arising from property damage.

(A) particular
(B) particulars
(C) particularly
(D) particularity

123. According to the custard pie recipe in Maryanne Cordero's new cookbook, soy milk may be ------ for coconut milk.

(A) arranged
(B) dispensed
(C) substituted
(D) distinguished

121. 正解 (C) me　代名詞

訳 あなたの便がいつ到着する予定か知らせてくれたら、私はその時間に空港にいるようにします。

動詞 let（させる）の目的語として、(C) me（私に）が適切。let me know で「私に知らせる」。

□ **be scheduled to 〜** 〜する予定である

122. 正解 (C) particularly　品詞

訳 Adams & Lewis 法律事務所の弁護士は、物的損害に起因する賠償請求を扱うことに特に熟練している。

are skilled（熟練している）を修飾するには、副詞の(C) particularly（特に）が適切。are particularly skilled at dealing with 〜で「〜を扱うことに特に熟練している」。

□ **attorney** 名 弁護士（= lawyer）
□ **law firm** 法律事務所　□ **deal with 〜** 〜を扱う
□ **claim** 名 賠償請求　□ **arise from 〜** 〜に起因する
□ **property damage** 物的損害
□ **particular** 形 特別な　□ **particularity** 名 特殊性

123. 正解 (C) substituted　語彙

訳 Maryanne Cordero の新刊料理本のカスタードパイのレシピによると、ココナッツミルクの代わりに豆乳を用いてもよい。

(C) substituted を使い、may be substituted for coconut milk（ココナッツミルクの代わりに用いてもよい）とする。能動態では、substitute A for B で「A を B の代わりに使う」。

□ **soy milk** 豆乳　□ **arrange** 動 用意する
□ **dispense** 動 分配する　□ **distinguish** 動 識別する

124. It is ------- that Ms. Colburn will remain the chairperson of the public relations committee until November.

(A) probable
(B) probably
(C) probability
(D) probabilities

125. Visitors must obtain proper ------- from the security department prior to accessing the research laboratory.

(A) demonstration
(B) anticipation
(C) participation
(D) authorization

126. To ensure continued high performance of your Bladwin GV30, avoid ------- the mower in wet grass or sandy conditions.

(A) operate
(B) to operate
(C) operating
(D) operation

訳 Colburn さんが11月まで広報委員会の議長にとどまる可能性が高い。

it is probable that 〜で「〜である可能性が高い、きっと〜であろう」という意味なので、(A) probable が適切。

□ **remain** 動 とどまる　□ **chairperson** 名 委員長
□ **public relations** 広報　□ **committee** 名 委員会
□ **probably** 副 おそらく　□ **probability** 名 可能性

訳 訪問者は、研究所に入る前に保安部から適切な許可を得なければならない。

空欄前の「訪問者は得なければならない」と後ろの「研究所に入る前に保安部から」から判断し、(D) authorization (許可) が適切。proper authorization で「適切な許可」。

□ **obtain** 動 得る　□ **proper** 形 適切な
□ **security** 名 安全　□ **prior to 〜** 〜の前に
□ **access** 動 立ち入る　□ **research laboratory** 研究所
□ **demonstration** 名 実演　□ **anticipation** 名 期待
□ **participation** 名 参加

訳 Bladwin GV30の高性能の維持するために、湿った芝生や砂の多い場所で芝刈り機を操作することは避けてください。

avoid (避ける) は、後ろに動名詞が続くと「〜することを避ける」の意味になるので、(C) operating を使い、avoid operating the mower (芝刈り機を操作することを避ける) とする。

□ **ensure** 動 確実にする　□ **continued** 形 継続の
□ **high performance** 高性能　□ **mower** 名 芝刈り機
□ **operate** 動 操作する

127. Please remember to straighten the chairs and throw away your trash before ------- the conference room.

(A) left
(B) leave
(C) leaves
(D) leaving

128. Staff members willing to help ------- customer satisfaction surveys on top of their regular workload should contact Ms. Murray.

(A) administer
(B) administrative
(C) administrator
(D) administration

129. Matko Copper will have many ------- positions to fill after it transfers employees to its new office in Lisbon.

(A) vacant
(B) vacantly
(C) vacancy
(D) vacancies

訳 会議室を出る前に、椅子を真っすぐに直し、ごみを捨ててください。

前に before があるので、前置詞の後ろに続くことができる動名詞の (D) leaving が適切。before leaving the conference room で「会議室を出る前に」。
□ **straighten** 動 真っすぐにする
□ **throw away** 捨てる　□ **trash** 名 ごみ

訳 通常の仕事量に加えて、顧客満足度調査を実施するのを手伝う意思のある従業員は、Murray さんまで連絡してください。

help (助ける) の後ろには、動詞の原形が続き、「〜するのを手伝う」の意味になるので、(A) administer (実施する) を使い、help administer customer satisfaction surveys (顧客満足度調査を実施するのを手伝う) とする。(B) administrative (管理上の) を使うと、後ろの customer satisfaction surveys (顧客満足度調査) を修飾する形になり、意味が通じない。
□ **on top of 〜** 〜に加えて　□ **workload** 名 仕事量
□ **administrator** 名 管理者　□ **administration** 名 管理

訳 Matko Copper では、従業員をリスボンの新しいオフィスに転属させた後、補充すべき多くの欠員が出るだろう。

後ろの名詞 positions (職) を修飾する語として、形容詞の (A) vacant (空の) が適切。vacant positions で「空いた職 = 欠員」。(C) vacancy は、名詞で、「空いた職、欠員」。
□ **fill** 動 補充する、埋める　□ **transfer** 動 転属させる
□ **vacantly** 副 ぼんやりと

44

130. Unlike the other dentists at the clinic,
Dr. Aston prefers to ------- her appointment
schedule herself.

(A) identify
(B) manage
(C) offer
(D) reserve

131. The Vinland Tourism Bureau launched
an advertising campaign with the aim of
------- travelers to visit local historic sites.

(A) encourage
(B) encouragement
(C) encouraging
(D) encouragingly

132. The movers from Bee Moving & Storage
were punctual and ------- my belongings
with great care.

(A) handles
(B) has handled
(C) to handle
(D) handled

訳 クリニックの他の歯科医とは異なり、Aston 医師は診察スケジュールを自分で管理することを好む。

「Aston 医師は診察スケジュールを自分で-------することを好む」には、(B) manage (管理する) が適切。manage her appointment schedule で「診察スケジュールを管理する」。

□ **unlike** 前 ～とは異なり　□ **appointment** 名 診察
□ **identify** 動 特定する、識別する

訳 Vinland 観光局は、旅行者に地元の史跡を訪問することを勧めることを目的とした広告キャンペーンを始めた。

動名詞の (C) encouraging は、前置詞 of に続くことができ、また後ろに目的語として travelers を取ることができる。encouraging travelers to visit で「旅行者に訪問することを勧める」。

□ **tourism** 名 観光　□ **bureau** 名 局
□ **launch** 動 始める
□ **with the aim of ～** ～を目的とした
□ **historic sites** 史跡　□ **encourage** 動 勧める、励ます
□ **encouragement** 名 励まし
□ **encouragingly** 副 励ますように

訳 Bee Moving & Storage の引越し作業員は、時間に正確で細心の注意を払って私の荷物を扱った。

主語が複数形の movers (引越し作業員) なので、複数形の名詞を主語に取れる (D) handled (扱った) が正解。これは過去形なので、were との時制も合う。(A) と (B) は単数形の名詞を主語に取る。

□ **punctual** 名 時間に正確な　□ **belonging** 名 持ち物、荷物　□ **with great care** 細心の注意を払って

133. Mr. Doyle has not made a ------- about which presentation room he will use for the training workshop.

(A) mind
(B) decision
(C) placement
(D) reservation

134. All sales personnel were sent a memo requesting that they ------- update the information in the customer database.

(A) regularly
(B) regular
(C) regularity
(D) regulate

135. Ms. Taylor was unable to fly to Paris because of the damage that had ------- her passport invalid.

(A) featured
(B) caused
(C) established
(D) rendered

訳 Doyleさんは、研修会にどのプレゼンテーション・ルームを使うかまだ決めていない。

(B) decision（決定）を使い、made a decision（決定を下した＝決めた）とすると、「研修会にどのプレゼンテーション・ルームを使うか」と上手くつながる。(A) mind（心）は made up his mind であれば、「決めた」という意味になり、文意に合う。
□ **training workshop**　研修会
□ **placement**　名　配置、配列

訳 顧客データベース上の情報を定期的に更新するように求める連絡メモが営業担当者全員に送られた。

動詞 update（更新する）を修飾するには、副詞の (A) regularly（定期的に）が適切。
□ **sales personnel**　営業担当者
□ **regular**　形　いつもの、正規の　　□ **regularity**　名　規則性
□ **regulate**　動　規制する

訳 パスポートを無効にしてしまった被害があったので、Taylorさんはパリへ飛ぶことができなかった。

(D) rendered（〜の状態にした）を使うと、the damage that had rendered her passport invalid で「彼女のパスポートを無効にしてしまった被害」となり、because of 以下が前半部分の理由として成り立つ。render A 〜で「Aを〜の状態にする」。(B) caused（引き起こした、原因となった）には、このように目的語と形容詞がセットで続く用法はない。
□ **invalid**　形　無効な
□ **feature**　動　呼び物にする、特集する
□ **establish**　動　確立する

136. All ------- versions of Soldox's document scanning software must be uninstalled before installing the latest one.

(A) cautious
(B) previous
(C) deliberate
(D) supportive

137. The Aquasol Resort will ------- host the annual Design Automation Conference, which will be held from September 17 to 20.

(A) by far
(B) for long
(C) very much
(D) once again

138. Dresses designed by Aleshri Fashions are elegant yet ------- for a variety of occasions.

(A) practical
(B) optimistic
(C) former
(D) reliant

136.　正解 (B) previous　語彙

訳 最新版をインストールする前に、Soldox文書スキャンソフトの以前のバージョンはすべてアンインストールされなければならない。

「最新版をインストールする前にアンインストールされなければならない」という文意から、(B) previous (以前の) が適切。
- □ **latest** 形 最新の　　□ **cautious** 形 注意深い
- □ **deliberate** 形 故意の　　□ **supportive** 形 支援する

137.　正解 (D) once again　語法

訳 Aquasol Resort は、9月17日から20日に催される年次Design Automation Conferenceの開催地に再びなる。

「年次Design Automation Conference の開催地になる」という文意から、(D) once again (再び) が適切。
- □ **host** 動 (会場がイベント等の) 開催地になる
- □ **annual** 形 年次の　　□ **hold** 動 催す
- □ **by far** はるかに　　□ **for long** 長い間

138.　正解 (A) practical　語彙

訳 Aleshri Fashionsによってデザインされたドレスは、優雅でありながらさまざまな場面で実用的でもある。

「優雅でありながら ------- でもある」には、(A) practical (実用的な) が適切。yetは、ここでは「それにもかかわらず」の意味で、butと同義。
- □ **occasion** 名 場面、状況　　□ **optimistic** 形 楽観的な
- □ **former** 形 前の　　□ **reliant** 形 頼った

139. Carbon emissions from Forreltex Chemical's factory have been ------- lower because of a decline in production.

(A) considerate
(B) consideration
(C) considerable
(D) considerably

140. The manual provides detailed instructions for using the equipment ------- medical examinations.

(A) onto
(B) over
(C) during
(D) across

141. Some McIntyre Corporation employees think the headquarters should move to Belgium, ------- others feel it should remain in London.

(A) but
(B) or
(C) why
(D) once

訳 Forreltex Chemical の工場からの炭素排出量は、生産量の減少のために大幅に低くなっている。

空欄後の lower は、形容詞 low (低い) の比較級なので、それを修飾するには、副詞の (D) considerably (大幅に) が適切。

□ **emission** 名 排出、放出
□ **carbon emissions** 炭素排出量
□ **decline** 名 減少　□ **considerate** 形 思いやりのある
□ **consideration** 名 熟考　□ **considerable** 形 かなりの

訳 マニュアルには、検診の間に機器を使用するための詳細な説明が載っている。

前の using the equipment (機器を使用する) と後ろの medical examinations (検診) をつなぐには (C) during (～の間) が適切。during medical examinations で「検診の間」。

□ **provide** 動 (文書等が情報を) 載せる
□ **detailed** 形 詳細な
□ **instruction** 名 (複数形 instructions で) 説明
□ **medical examination** 検診

訳 McIntyre 社の従業員の中には、本社をベルギーへ移転すべきだと考えている人もいるが、ロンドンに留まるべきだと思っている人もいる。

前の Some McIntyre Corporation employees think the headquarters should move to Belgium (McIntyre 社の従業員の一部は、本社をベルギーへ移転すべきだと考えている) と後ろの others feel it should remain in London (他の人はロンドンに留まるべきだと思っている) は対照的な関係にあるので、(A) but (～だが) が適切。

□ **headquarters** 名 本社 (注：単数形でも s が付く)
□ **remain** 動 留まる　□ **once** 接 一旦～すれば

142. Passengers must present their ticket and passport ------- boarding the Caribbean Ruby cruise ship.

(A) when
(B) now
(C) then
(D) after all

143. Author Jessica Rutledge revised her novel ------- times before sending it to her publisher.

(A) plenty
(B) numerous
(C) frequent
(D) all

144. Ms. Morahan is responsible ------- overseeing quality assurance processes at Avro Chemical's manufacturing plant.

(A) for
(B) of
(C) by
(D) to

訳 乗客は、Caribbean Ruby クルーズ客船に搭乗する際には、乗車券とパスポートを提示する必要がある。

(A) when を使うと、when boarding the Caribbean Ruby cruise ship (Caribbean Ruby クルーズ客船に搭乗する際には) となり、前半の「乗車券とパスポートを提示する必要がある」と上手くつながる。when は接続詞なので、後ろに主語＋動詞が続くのが基本だが、主語を省略して動詞の -ing 形や -ed 形を続けることができる。

□ **present** 動 提示する　□ **board** 動 （乗り物に）乗り込む

訳 作家の Jessica Rutledge は、出版社へ送る前に小説を何度も見直した。

空欄前の revised her novel (小説を見直した) との関係から、(B) numerous (多数の) を使い、numerous times (何度も) とする。(A) plenty (多くの) は後ろに of が必要。(C) frequent (頻繁な) は、times (回、度) を修飾する語として不適切。

□ **revise** 動 見直す　□ **publisher** 名 出版社
□ **frequent** 形 頻繁な

訳 Morahan さんは、Avro Chemical の製造工場における品質保証プロセスを監督する責任がある。

responsible for 〜で「〜の責任がある」という意味になるので、(A) for が正解。

□ **responsible** 形 責任がある　□ **oversee** 動 監督する
□ **assurance** 名 保証、確信
□ **quality assurance** 品質保証

145. There is growing ------- that Ms. Tullis will become the executive director when Mr. Clark retires.

(A) ambition
(B) stipulation
(C) speculation
(D) cooperation

146. Our Web site developers follow the latest trends in technology so ------- can create sites with advanced functionality.

(A) those
(B) they
(C) whose
(D) every

147. Your Federspiel watch is ------- for one year from the date of purchase against any malfunction due to defect.

(A) acquired
(B) guaranteed
(C) displayed
(D) remodeled

訳　Clarkさんが退職する時、Tullisさんが取締役になるという憶測が広まっている。

「Clarkさんが退職する時、Tullisさんが取締役になる」というのは、growing speculation（広まっている憶測）になり得るので、(C)が適切。speculation that 〜で「〜という憶測」。
□ **growing** 形 広まっている　□ **executive director** 取締役　□ **retire** 動 退職する　□ **ambition** 名 野心
□ **stipulation** 名 規定、条件　□ **cooperation** 名 協力

訳　当社のウェブサイト開発者は、技術面の最新傾向を追っているので、高度な機能性を備えたサイトを制作できる。

前のWeb site developers（ウェブサイト開発者）を受け、後ろのcan create（制作できる）の主語になれるのは、(B) they。soは、接続詞で「〜なので」。
□ **developer** 名 開発者　□ **follow** 動 追う
□ **latest trends** 最新傾向　□ **advanced** 形 高度な
□ **functionality** 名 機能性

訳　あなたのFederspiel腕時計は、欠陥に起因する故障に対して購入日から1年間保証されています。

「欠陥に起因する故障に対して購入日から1年間」という文意から、(B) guaranteedを選ぶ。Your Federspiel watch is guaranteedで「あなたのFederspiel腕時計は保証されている」。
□ **malfunction** 名 故障、不具合
□ **due to 〜** 〜に起因する　□ **defect** 名 欠陥
□ **acquire** 動 入手する　□ **display** 動 展示する
□ **remodel** 動 作り直す

148. The Artemis Hotel is ------- situated between the convention center and Dover Central Station.

(A) previously
(B) generally
(C) equally
(D) conveniently

149. ------- increased demand for its laser printers, Verpol Industries has expanded its production capacity.

(A) On account of
(B) In addition to
(C) So that
(D) As soon as

150. The proposed remuneration policy must be approved by the directors before it can ------- throughout the company.

(A) implementing
(B) implement
(C) be implemented
(D) to implement

訳 Artemis Hotel は、コンベンションセンターと Dover Central 駅の間の便利な場所にある。

situated（〜にある）を修飾する副詞として、(D) conveniently（便利に）が適切。現在の話をしているので、過去に言及する (A) previously（前に）は不可。was previously situated であれば可。

□ **generally** 副 一般的に　□ **equally** 副 等しく

訳 レーザープリンターの需要が増加しているので、Verpol Industries は生産能力を拡大させた。

空欄後の increased demand for its laser printers（レーザープリンターへの増加した需要）が、カンマ後の「生産能力を拡大させた」の理由になっているので、(A) On account of（〜のため）が適切。(B) In addition to（〜に加えて）はカンマ後の文意と合わない。

□ **demand** 名 需要　□ **expand** 動 拡大する
□ **production capacity** 生産能力　□ **so that** 〜 〜できるように　□ **as soon as** 〜 〜するとすぐ

訳 提案された給与規定は、会社全体で実施される前に取締役に承認されなければならない。

前に助動詞 can があるので、動詞の原形が入る。給与規定は「実施される」ものであるから、受動態を作る (C) be implemented が正解。主語の it は The proposed remuneration policy（提案された給与規定）を受ける。

□ **proposed** 形 提案された　□ **remuneration** 名 給与、報酬　□ **approve** 動 承認する　□ **director** 名 取締役、重役

Set 6

間違えた問題はもちろん、正解の理由が明確になっていない問題は、自分でしっかり根拠を示せるまで学習しましょう。スコアアップは、しっかりした復習から生まれます。

　1周、2周、3周…と、自分で納得するまで続けましょう。トレーニングは裏切りません。

Set 6	実施日	正答数
1回目	月　　日	／30問
2回目	月　　日	／30問
3回目	月　　日	／30問
4回目	月　　日	／30問
5回目	月　　日	／30問

151. Customers of Paolo's Pizzeria can now send their orders ------- to the restaurant via its Web site.

(A) directly
(B) director
(C) directing
(D) direction

152. At Capital North, we provide a wide variety of insurance products ------- financial services.

(A) so that
(B) as well as
(C) in the event of
(D) because of

153. Mr. Redding told Ms. Walker that she had ------- October to accept or turn down the offer for the management position.

(A) in
(B) around
(C) until
(D) on

訳 Paolo's Pizzeriaの顧客は現在、ウェブサイトを通してレストランに直接注文を送ることができる。

send their orders ------- to the restaurant（レストランに ------- 注文を送る）の並びになっているので、空欄には動詞 send（送る）を修飾する語が入る。よって、副詞の(A) directly（直接に）が適切。send their orders directly で「直接注文を送る」。

□ **via** 前 〜を通して　□ **direct** 動 指示する
□ **direction** 名 方向

訳 Capital North では、多種多様な保険商品に加え金融サービスも提供している。

前の insurance products（保険商品）と後ろの financial services（金融サービス）は並列関係にあるので、(B) as well as（〜に加え〜も）が正解。文法的には(D) because of（〜のため）も可能だが、意味が通じない。

□ **a wide variety of** 〜　多種多様な〜
□ **so that** 〜　〜できるように
□ **in the event of** 〜　〜の際は

訳 Reddingさんは Walkerさんに、管理職へのオファーを受けるか辞退するか10月まで猶予があると告げた。

前置詞 until は後ろに期限を示す語句を伴い、have until〈期限〉to 〜で「〈期限〉まで〜する猶予がある」の意味になる。ここでは、「オファーを受けるか辞退するか10月まで猶予がある」という意味になる。

□ **accept** 動 受け入れる　□ **turn down** 辞退する、断る

154. To check if ------- order had been delayed by the heavy snowfall, I called Veritycom's shipping department.

(A) I
(B) my
(C) me
(D) mine

155. Mr. Sigler's painting style is ------- by his technique of applying multiple colors with quick brush strokes.

(A) recognition
(B) recognizes
(C) recognizable
(D) recognizably

156. Trainees who finish their ------- ahead of schedule should report to Mr. Schneider for further instructions.

(A) assignments
(B) assigned
(C) assign
(D) assigns

訳 大雪により私の注文品が遅れているかどうかを確認するために、私はVeritycomの発送部に電話した。

後ろに名詞 order（注文品）があるので、(B) my（私の）が適切。my order（私の注文品）が if 節の主語として機能する。

□ **delay** 動 遅らせる　□ **be delayed** 遅れる
□ **shipping** 名 発送

訳 Siglerさんの絵画のスタイルは、素早い筆さばきで複数の色を塗っていく彼の技術で見分けがつく。

Mr. Sigler's painting style is（Siglerさんの絵画のスタイルは）に続く語として、形容詞の(C) recognizable（見分けのつく）が適切。後ろの「素早い筆さばきで複数の色を塗っていく彼の技術で」とも意味的に合う。

□ **apply** 動 塗る　□ **multiple** 形 複数の
□ **brush stroke** 筆さばき　□ **recognition** 名 認識
□ **recognize** 動 認識する
□ **recognizably** 副 すぐにわかるほどに

訳 予定より早く課題を終えた研修生は、さらなる指示をSchneiderさんに仰いでください。

空欄前に their（彼らの）があるので、名詞の(A) assignments（課題）が適切。

□ **trainee** 名 研修生
□ **report to** 〜　〜に指示を仰ぐ、〜に報告する
□ **further** 形 さらなる　□ **instruction** 名 指示
□ **assign** 動 割り当てる

157. Ms. Wilson has been put in charge of Telio Mobile's ------- transition to a publicly traded company.

(A) impending
(B) adjacent
(C) including
(D) repetitive

158. Mr. Taylor is interviewing job applicants this week to fill an ------- in the legal department.

(A) effort
(B) attempt
(C) interest
(D) opening

159. A trip to Istanbul would not ------- without a visit to the world-famous Grand Bazaar.

(A) be complete
(B) be completing
(C) have completed
(D) to complete

訳 Wilsonさんは、Telio Mobileの間近に迫った株式公開会社への移行を任されている。

「Wilson さんは株式公開会社への移行を任されている」という文意から、transition（移行）を修飾する語として、(A) impending（間近に迫った）が適切。

□ **in charge of ～** ～の担当である
□ **transition** 名 移行
□ **publicly traded company** 株式公開会社
□ **adjacent** 形 隣接した　　□ **including** 前 ～を含む
□ **repetitive** 形 繰り返しの

訳 Taylorさんは今週、法務部の欠員を埋めるため、応募者を面接する。

「法務部の ------- を埋めるため、応募者を面接する」には、(D) opening（職の空き、欠員）が適切。to fill an opening で「欠員を埋める」。

□ **applicant** 名 応募者　　□ **legal department** 法務部
□ **attempt** 名 試み　　□ **interest** 名 関心

訳 世界的に有名なGrand Bazaarへの訪問なくしてイスタンブールへの旅は完全なものにならない。

「世界的に有名な Grand Bazaar への訪問なくして」の文意から、(A) be complete を選ぶ。complete は形容詞で「完全な」という意味。would not be complete without ～は「～なしには完全なものにはならない＝～を絶対するべきだ」という意味で、人に強く勧める表現。

□ **complete** 形 完全な　動 完成させる、終える

160. Ms. Marlow announced her intention to run for mayor ------- her resignation from the district attorney's office.

(A) exclusive
(B) following
(C) because
(D) regarding

161. Despite an increase in demand for new homes, real estate prices have remained virtually -------.

(A) unchanged
(B) dependent
(C) eventual
(D) preferred

162. The decorative lights will be delivered to the park several weeks before the special outdoor celebration ------- to begin.

(A) schedules
(B) scheduling
(C) to schedule
(D) is scheduled

160. 正解 (B) following　前置詞 vs. 接続詞

訳 Marlowさんは、市長選に出馬する意向を、地区検察局を辞めた後に発表した。

空欄前の Ms. Marlow announced her intention to run for mayor（Marlowさんは市長選に出馬する意向を発表した）と後ろの her resignation from the district attorney's office（彼女の地区検察局からの辞任）から、(B) following（〜の後に）が適切。

□ **intention** 名 意向　□ **run for 〜** 〜に立候補する
□ **mayor** 名 市長　□ **resignation** 名 辞任
□ **district attorney's office** 地区検察局
□ **exclusive** 形 独占的な　□ **regarding** 前 〜に関して

161. 正解 (A) unchanged　語彙

訳 新築住宅への需要の増加にもかかわらず、不動産価格はほぼ変わっていない。

remainは後ろに形容詞が続くと、「〜のままでいる」の意味になる。カンマ前の「新築住宅への需要の増加にもかかわらず」との関係から、(A) unchanged（変わっていない）が適切。

□ **demand** 名 需要　□ **real estate** 不動産
□ **virtually** 副 ほぼ　□ **dependent** 形 依存した
□ **eventual** 形 最終的な　□ **preferred** 形 望ましい

162. 正解 (D) is scheduled　動詞の形／態

訳 装飾照明は、特別野外祝典の開始予定日の数週間前に公園へ配達される。

主語の celebration（祝典）は、「予定される」ものであるから、受動態の (D) is scheduled が適切。celebration is scheduled to begin で「祝祭の開始が予定されている」。

□ **decorative** 形 装飾用の　□ **deliver** 動 配達する

55

163. The manager of Century Condominiums
------- spotted the broken lobby window
before anyone was hurt.

(A) intermittently
(B) convincingly
(C) forcefully
(D) fortunately

164. As a public relations officer for Bentlee
College, Ms. Mathews is responsible for
------- public interest in school activities.

(A) stimulate
(B) stimulating
(C) stimulatingly
(D) stimulation

165. Mediquip Systems will ------- eight of
its measuring instruments to healthcare
providers in Bangladesh.

(A) inspect
(B) replace
(C) donate
(D) honor

訳 Century Condominiumsの経営者は、誰かがケガをする前にロビーの割れた窓を幸運にも見つけた。

spotted the broken lobby window（ロビーの割れた窓を見つけた）を修飾するには、(D) fortunately（幸運にも）が適切。

□ **condominium** 名 分譲マンション　□ **spot** 動 見つける
□ **intermittently** 副 断続的に
□ **convincingly** 副 納得いくように
□ **forcefully** 副 力強く

訳 Mathewsさんは、Bentlee Collegeの広報担当者として、同校の活動に対する一般の関心を高める責任がある。

前置詞forに続き、後ろのpublic interest（一般の関心）を目的語に取ることができるのは、stimulate（刺激する）の動名詞の(B) stimulating。stimulating public interestで「一般の関心を高めること」。

□ **public relations** 広報
□ **responsible for** 〜 〜の責任がある
□ **stimulatingly** 副 刺激的に　□ **stimulation** 名 刺激

訳 Mediquip Systemsは、8台の計測器をバングラデシュの医療機関に寄付する。

「8台の計測器をバングラデシュの医療機関に-------する」には、(C) donate（寄付する）が適切。donate A to Bで「AをBに寄付する」。

□ **measure** 動 計測する　□ **instrument** 名 機器
□ **healthcare** 名 医療　□ **provider** 名 提供機関
□ **inspect** 動 検査する　□ **replace** 動 交換する
□ **honor** 動 栄誉を与える

166. Renovations to Golders Playhouse will most ------- begin one week after the theater's current production ends.

(A) lately
(B) roughly
(C) likely
(D) longingly

167. The president will decide ------- to nominate Mr. Clayton to the board of directors.

(A) that
(B) ready
(C) about
(D) whether

168. ------- that Mr. Whittaker is the head of the sales division, the company's marketing strategy will likely change.

(A) So
(B) As
(C) Now
(D) From

訳　Golders Playhouse の改装は、おそらく現在の上演作品が終了してから1週間後に始まるだろう。

空欄後の動詞 begin（始まる）を修飾するには、(C) likely（おそらく）が適切。most likely begin で「始まる可能性が最も高い＝おそらく始まるだろう」。

□ **renovation** 名 改装　□ **production** 名 上演作品
□ **lately** 副 最近　□ **roughly** 副 おおよそ
□ **longingly** 副 切望して

訳　社長が Clayton さんを取締役会に推薦するかどうか決める。

whether to ～で「～するかどうか」の意味になるので、動詞 decide（決める）の目的語として適切。whether to nominate Mr. Clayton で「Clayton さんを推薦するかどうか」。

□ **nominate** 動 推薦する
□ **board of directors** 取締役会

訳　今や Whittaker さんが営業部の部長なので、同社のマーケティング戦略はおそらく変わるだろう。

(C) Now（今）を使って、Now that ～（今や～なので）とすると、「Whittaker さんが営業部の部長である」と「マーケティング戦略はおそらく変わるだろう」が上手くつながる。(A) So を使った So that ～は、「～できるように」の意味なので文意に合わない。(B) As（～なので）は後ろに that があるので不可。

□ **sales division** 営業部　□ **strategy** 名 戦略
□ **likely** 副 おそらく

169. Lynton Hills is a charming country-style inn located in a ------- village near Spruce Mountain.

(A) departing
(B) picturesque
(C) momentary
(D) continued

170. The director encouraged the personnel department to move beyond its ------- hiring practices and find new ways of recruiting talent.

(A) tradition
(B) traditional
(C) traditionally
(D) traditionalism

171. In light of the snowstorm, CLN Rail announced that all trains scheduled to depart this afternoon ------- until further notice.

(A) delaying
(B) delayed
(C) are delaying
(D) will be delayed

訳 Lynton Hills は、Spruce Mountain の近くの絵のように美しい村にある、魅力的なカントリー調の宿です。

後ろの village（村）を修飾する形容詞として、(B) picturesque（絵のように美しい）が適切。

□ **charming** 形 魅力的な □ **inn** 名 宿
□ **depart** 動 出発する □ **momentary** 形 つかの間の
□ **continued** 形 続けられた

訳 取締役は、人事部が従来の採用慣習を越えて、才能のある人を採用する新たな方法を見つけるよう奨励した。

後ろの hiring practices（採用慣習）を修飾するには、形容詞の (B) traditional（従来の）が適切。(C) traditionally では「伝統的に採用する習慣」の意味になってしまうので不可。

□ **encourage** 動 奨励する □ **personnel** 形 人事の
□ **talent** 名 才能のある人 □ **tradition** 名 伝統
□ **traditionally** 副 伝統的に
□ **traditionalism** 名 伝統主義

訳 吹雪を考慮し、CLN Rail は、次の知らせがあるまで今日の午後に出発する予定のすべての列車は遅れると発表した。

all trains scheduled to depart this afternoon（今日の午後に出発する予定のすべての列車）が that 節の主語で、空欄にはこの主語に対応した動詞が入る。delay は「遅らせる」という意味なので、「遅れる」という意味を表すには受動態にする必要がある。よって、(D) will be delayed が正解。

□ **in light of ~** ~を考慮し □ **depart** 動 出発する
□ **until further notice** 次の知らせがあるまで

172. Projects to preserve historic buildings in Larsford County are ------- to receive funding through a local grant program.

(A) possible
(B) eligible
(C) committed
(D) responsible

173. The walls of the recording studio are much thicker ------- the minimum thickness required by building regulations.

(A) than
(B) for
(C) even
(D) within

174. Novak Bank's repair technician is still trying to figure out ------- went wrong with the ATM.

(A) whose
(B) how
(C) what
(D) when

訳 Larsford County の歴史的建造物を保護するプロジェクトは、地元の助成金制度から資金援助を受ける資格がある。

後ろに to receive funding through a local grant program（地元の助成金制度から資金援助を受ける）が続くので、(B) eligible（資格のある）が適切。eligible to ~で「~する資格がある」。

□ **preserve** 動 保護する　□ **historic** 形 歴史的な
□ **funding** 名 財政的支援、資金
□ **grant** 名 補助金、助成金　□ **possible** 形 可能な
□ **committed** 形 熱心な　□ **responsible** 形 責任のある

訳 その録音スタジオの壁は、建築基準によって義務付けられている厚さの最低基準値よりはるかに厚くなっている。

前に形容詞の比較級 thicker（より厚い）があるので、(A) than（~より）が適切。much thicker than ~で「~よりはるかに厚い」。

□ **minimum** 形 最低限の　□ **thickness** 名 厚さ
□ **require** 動 義務付ける
□ **building regulations** 建築基準

訳 Novak Bank の修理技師は、まだ ATM の故障の原因を解明しようとしている。

(C) what（何が）を使うと、後ろの went wrong（おかしくなった）の主語として機能し、節全体で前の figure out（解明する）の目的語となる。what went wrong with the ATM で「ATM の何がおかしくなったか＝ATM の故障の原因」。

□ **repair technician** 修理技師

175. In the final ------- of our clock manufacturing process, all components are assembled by hand.

(A) stage
(B) result
(C) outline
(D) design

176. Students were given a feedback form and asked to comment ------- on the course materials.

(A) specific
(B) specification
(C) specifically
(D) specify

177. ------- travelers are prohibited from bringing certain types of cheese into China, most food products can be taken into the country.

(A) Despite
(B) Although
(C) Whenever
(D) Nevertheless

175. 正解 (A) stage　語彙

訳 時計製造過程の最終段階では、すべての部品は人の手で組み立てられる。

カンマ後の「すべての部品は人の手で組み立てられる」の文意から、「時計製造過程の最終------- では」には、(A) stage (段階) が適切。the final stage で「最終段階」。

□ **manufacturing process** 製造過程
□ **component** 名 部品　□ **assemble** 動 組み立てる
□ **outline** 名 概要

176. 正解 (C) specifically　品詞

訳 学生は評価記入用紙を渡され、教材について具体的にコメントするように求められた。

動詞 comment (コメントする) を修飾するには、副詞の (C) specifically (具体的に) が適切。

□ **feedback form** 評価記入用紙
□ **course materials** 教材　□ **specific** 形 具体的な
□ **specification** 名 仕様書、明細
□ **specify** 動 明確に述べる、明記する

177. 正解 (B) Although　前置詞 vs. 接続詞

訳 旅行者がある特定の種類のチーズを中国へ持ち込むことは禁止されているが、ほとんどの食品は同国へ持ち込める。

後ろに節が続くので、空欄には接続詞が必要。前半の「特定の種類のチーズを中国へ持ち込むことは禁止されている」と後半の「ほとんどの食品は同国へ持ち込める」は対比関係にあるので、(B) Although (〜だが) が適切。

□ **prohibit** 動 禁止する　□ **despite** 前 〜にもかかわらず
□ **whenever** 接 いつでも
□ **nevertheless** 副 それにもかかわらず

178. According to its tourism ministry, Grendol Island recorded a ------- 38 percent increase in cruise ship visitors last year.

(A) diligent
(B) remarkable
(C) privileged
(D) receptive

179. Employees will be reimbursed for the cost of a company-approved training course when they provide ------- of payment.

(A) prove
(B) proving
(C) proven
(D) proof

180. ------- exceeded its sales target for the fiscal year, Roxxon Printers gave everyone in its sales department a bonus.

(A) To be
(B) Being
(C) Having
(D) To have

訳 観光省によると、Grendol Island では昨年、クルーズ船での来島者数が驚異的な38パーセントの増加を記録した。

38 percent increase（38パーセントの増加）を修飾するには、(B) remarkable（驚異的な）が適切。a remarkable 38 percent increase で「驚異的な38パーセントの増加」。

□ **according to 〜**　〜によると　□ **tourism ministry** 観光省　□ **record** 動 記録する　□ **diligent** 形 勤勉な □ **privileged** 形 特権のある　□ **receptive** 形 受容的な

訳 社員は支払証明を提出する時に、会社承認の研修コースの費用が払い戻される。

(D) proof（証明）を使って、proof of payment（支払証明）とすると、動詞 provide（〜を提出する）の目的語として上手く機能する

□ **reimburse** 動 払い戻す
□ **company-approved** 形 会社承認の
□ **prove** 動 証明する　□ **proven** 形 証明された

訳 Roxxon Printers は、事業年度の売上目標を上回ったので、営業部の全員にボーナスを支給した。

文意から、空欄には「〜なので」の意味を表す分詞構文を作る分詞が必要。前半の「事業年度の売上目標を上回った」の意味上の主語は、Roxxon Printers なので、能動態になる (C) Having が適切。Having exceeded 〜（〜を上回ったので）は完了形の分詞構文で、「上回った」のが主節で示されている「支給した」より前に起こったことを示す。

□ **exceed** 動 上回る　□ **fiscal year** 事業年度

Set 7

間違えた問題はもちろん、正解の理由が明確になっていない問題は、自分でしっかり根拠を示せるまで学習しましょう。スコアアップは、しっかりした復習から生まれます。

　1周、2周、3周…と、自分で納得するまで続けましょう。トレーニングは裏切りません。

Set 7	実 施 日	正 答 数
1回目	月　　日	／30問
2回目	月　　日	／30問
3回目	月　　日	／30問
4回目	月　　日	／30問
5回目	月　　日	／30問

181. Torero Motors unveiled a new four-door sedan with the best fuel economy of ------- vehicle in its class.

(A) any
(B) all
(C) each
(D) some

182. Ahead of next month's audit, Ms. Dalton ------- all of the company's financial records.

(A) compiling
(B) will be compiling
(C) is compiled
(D) has been compiled

183. Delphi Catering ------- requests assistance from the Atlantic Grill Restaurant when it needs help preparing for a large event.

(A) occasion
(B) occasions
(C) occasional
(D) occasionally

181. 正解 (A) any　語法

訳 Torero Motors は、そのクラスのあらゆる車の中で最高燃費の新しい4 ドアセダンを発表した。

(A) any（あらゆる）を使い、any vehicle in its class（そのクラスのあらゆる車）とする。(B) all（すべての）と (D) some（いくつかの）は後ろに複数形の名詞が続く。(C) each（それぞれの）は後ろに単数形の名詞が続くが、ここでは「それぞれの車の中で最高燃費」となってしまい、意味を成さない。

□ **unveil** 動 発表する　□ **fuel economy** 燃費

182.　正解 (B) will be compiling　態／時制

訳 来月の監査に先立って、Dalton さんは会社の財務記録のすべてを集める。

主語 Ms. Dalton と動詞 compile（集める）の間には能動の関係があるので、能動態になっている (B) will be compiling が適切。(C) is compiled と (D) has been compiled は、受動態なので不可。

□ **ahead of ～** ～に先立って　□ **audit** 名 監査
□ **financial record** 財務記録　□ **compile** 動 集める

183.　正解 (D) occasionally　品詞

訳 大きなイベントへの準備に手助けが必要な場合、Delphi Catering は Atlantic Grill Restaurant に時々協力を求める。

空欄前に主語 Delphi Catering、後ろに動詞 requests（要請する）があるので、動詞を修飾する副詞の (D) occasionally（時々）が適切。occasionally requests assistance で「時々協力を求める」。

□ **assistance** 名 協力
□ **occasion** 名 （あることが起こった）時
□ **occasional** 形 時々の

62

184. When Creston Library is closed, please
------- books by placing them in the drop
box outside the main entrance.

(A) remain
(B) preserve
(C) defer
(D) return

185. ------- the instructions on the label, the
paint should not be applied in direct
sunlight.

(A) According to
(B) On behalf of
(C) However
(D) Except

186. Audibub Sound is ------- marketing
its state-of-the-art wireless earphones
throughout Asia.

(A) aggressor
(B) aggression
(C) aggressive
(D) aggressively

正解 (D) return　語彙

訳 Creston Library の閉館時は、正面入り口の外にあるドロップボックスに本を入れて返却してください。

「正面入り口の外にあるドロップボックスに入れる」というのは、本の返却方法なので、(D) return（返却する）が適切。

□ **place** 動 置く　□ **remain** 動 残る

□ **preserve** 動 維持する　□ **defer** 動 延期する

---

185. 正解 (A) According to　語法

訳 ラベルの説明文によると、その塗料は直射日光下では塗布されるべきではない。

空欄後の the instructions on the label（ラベルの説明文）は名詞に相当するので、前置詞が必要。カンマ後の「その塗料は直射日光下では塗布されるべきではない」という文意から、(A) According to（～によると）を使い、According to the instructions on the label（ラベルの説明書によると）とする。

□ **instruction** 名（複数形 instructions で）取扱説明書、説明文　□ **apply** 動 塗る

□ **on behalf of** ～　～に代わり、～のために

□ **however** 副 しかし　□ **except** 前 ～を除き

---

186. 正解 (D) aggressively　品詞

訳 Audibub Sound は、最新鋭のワイヤレスイヤホンをアジア全域で積極的に販売促進している。

is marketing（販売促進している）を修飾するには、副詞の (D) aggressively（積極的に）が適切。

□ **market** 動 販売促進する

□ **state-of-the-art** 形 最新鋭の、最先端の

□ **aggressor** 名 攻撃者　□ **aggression** 名 攻撃

□ **aggressive** 形 攻撃的な、積極的な

187. Please ship the defective unit back to Covina Appliances, and we will send you a full refund upon -------.

(A) entry
(B) passage
(C) receipt
(D) order

188. The hospital administrator found a wholesale medical glove ------- that can handle frequent bulk orders.

(A) supplier
(B) supplied
(C) suppliers
(D) supplying

189. The Limelight Bakery staff felt ------- by the number of cake orders they received on Saturday.

(A) overwhelm
(B) overwhelmed
(C) overwhelming
(D) overwhelmingly

訳 欠陥品を Covina Appliances まで送り返していただければ、受領後すぐに全額払い戻しいたします。

空欄前の前置詞upon には「〜のすぐ後に」という意味がある。「送り返していただければ、全額を払い戻します」という文意から、(C) receipt (受領) を使い、upon receipt (受領後すぐに) とする。

□ **defective unit** 欠陥品　□ **entry** 名 入場、参加
□ **passage** 名 文書、経過　□ **order** 名 注文、順序

訳 病院の運営管理者は、頻繁な大口注文を扱える医療用手袋の卸売業者を見つけた。

a wholesale medical glove ------- (医療用手袋の卸売 -------) には、名詞の (A) supplier (納入業者) が適切。冠詞aがあるので、複数形の (C) suppliers は不可。

□ **administrator** 名 運営管理者
□ **wholesale** 形 卸売りの　□ **handle** 動 扱う
□ **frequent** 形 頻繁な　□ **bulk order** 大口注文
□ **supply** 動 供給する

訳 Limelight Bakery のスタッフは、土曜日に受けたケーキの注文数に圧倒された。

人が主語で感情を示す場合、動詞feel の後ろには過去分詞が続くので、(B) overwhelmed (圧倒された) が適切。空欄後の by the number of cake orders (ケーキの注文数によって) もヒントになる。

□ **overwhelm** 動 圧倒する
□ **overwhelming** 形 圧倒的な
□ **overwhelmingly** 副 圧倒的に

190. The magnificent view from the top-floor restaurant is just as ------- as Chef Carson's savory dishes.

(A) sociable
(B) irresponsible
(C) memorable
(D) experienced

191. All students ------- for the summer internship program at the Forstner Institute must submit their résumé by February 15.

(A) apply
(B) applying
(C) applied
(D) application

192. Although Mr. Barnett has retired from Palmo Pharmaceutical, he will present a company award to his former -------.

(A) situation
(B) gathering
(C) occupation
(D) colleague

190. 正解 (C) memorable　語彙

訳 最上階のレストランからの壮大な景色は、Carson シェフの美味しい料理同様に忘れがたいものである。

A is as 〜 as B で「B と同じく A も〜である」。ここでは、「最上階のレストランからの壮大な景色」と「美味しい料理」の両方を修飾する形容詞として、(C) memorable（忘れがたい）が適切。

□ **magnificent** 形 壮大な　□ **view** 名 景色
□ **savory** 形 美味しい　□ **sociable** 形 社交的な
□ **irresponsible** 形 責任のない
□ **experienced** 形 経験豊かな

191. 正解 (B) applying　品詞／動詞の形

訳 Forstner Institute の夏季インターンシップ・プログラムに申し込むすべての学生は、2月15日までに履歴書を提出しなければならない。

文頭から Institute までが主語なので、空欄に入る語は、前の students を修飾する。students と apply（申し込む）の間には、「学生が申し込む」という能動の関係があるので、(B) applying が適切。

□ **résumé** 名 履歴書　□ **application** 名 応募、応募書類

192. 正解 (D) colleague　語彙

訳 Barnett さんは Palmo Pharmaceutical を退職しているが、彼のかつての同僚に会社賞を進呈する。

「彼のかつての ------- に会社賞を進呈する」には、(D) colleague（同僚）が適切。former colleague で「かつての同僚」。present A to B で「B に A を進呈する、贈る」。

□ **retire** 動 退職する　□ **situation** 名 状況
□ **gathering** 名 集まり　□ **occupation** 名 職業

193. Anticipating strong sales of its new line of soups, Patay Foods plans ------- production by next month.

(A) increases
(B) increasingly
(C) increasing
(D) to increase

194. Mr. Nichols was tasked with writing a ------- report on the infrastructure needs of Arbinvale City.

(A) persistent
(B) comprehensive
(C) protective
(D) reassured

195. The building's electricity consumption has decreased ------- new energy-efficient LED lights were installed on all floors.

(A) until
(B) since
(C) despite
(D) instead

訳 スープの新商品の高い売上を見込んで、Patay Foodsは来月までに生産量を増やす予定である。

動詞 plan（予定する）は、後ろに to 不定詞を取るので、(D) to increase が適切。plan to ～で「～する予定である」。

□ **anticipate** 動 予測する　□ **production** 名 生産量
□ **increasingly** 副 ますます

訳 Nichols さんは、Arbinvale City のインフラ需要に関する包括的な報告書を書く任務を課せられた。

report（報告書）を修飾する語として、(B) comprehensive（包括的な）が適切。comprehensive report で「包括的な報告書」。

□ **be tasked with** ～　～の任務を課せられる
□ **persistent** 形 持続する　□ **protective** 形 保護用の
□ **reassured** 形 安心した

訳 全階にエネルギー効率の良い新しいLED照明が設置されて以来、ビルの電気使用量が減少している。

後ろに節が続くので、接続詞が必要。前の「ビルの電気使用量が減少している」と後ろの「全階にエネルギー効率の良い新しいLED照明が設置された」をつなぐには「照明が設置されて以来」となる、(B) since（～以来）が適切。空欄前が現在完了形になっていることもヒントになる。

□ **consumption** 名 使用量、消費
□ **energy-efficient** 形 エネルギー効率の良い
□ **install** 動 設置する　□ **despite** 前 ～にもかかわらず
□ **instead** 副 代わりに

196. Subscribe today to receive 12 monthly issues of *Music Grooves* ------- our guide to this year's concerts.

(A) plus
(B) from
(C) apart
(D) by

197. After ------- several revisions, the privacy policy now clearly outlines how we gather and use information.

(A) undergo
(B) undergoing
(C) undergoes
(D) underwent

198. Passengers ------- trains are delayed for fifteen minutes or longer will receive a discount on a future ticket purchase.

(A) who
(B) which
(C) whose
(D) what

訳 今日定期購読して、月刊*Music Grooves*、12カ月分に加え今年のコンサートのガイドブックも手に入れましょう。

空欄前の12 monthly issues of *Music Grooves*（*Music Grooves*の12の月刊号＝月刊*Music Grooves*、12カ月分）と後ろのour guide to this year's concerts（今年のコンサートのガイドブック）は意味的に並列関係にあるので、接続詞の (A) plus（〜に加え）が適切。

□ **subscribe** 動 定期購読する
□ **monthly** 形 月刊の、毎月の　□ **issue** 名（雑誌の）号
□ **apart** 副 離れて

訳 個人情報保護方針は何度か改訂され、現在、弊社がどのように情報を収集し、使用しているかの概要を明確に示しています。

afterは、前置詞と接続詞の用法がある。接続詞の場合、後ろに節が続くが、ここでは ------- several revisions で区切れているので、前置詞とみなし、動名詞の (B) undergoing を使う。

□ **revision** 名 改訂
□ **privacy policy** 個人情報保護方針
□ **outline** 動 概要を示す　□ **gather** 動 収集する、集める
□ **undergo** 動 受ける

訳 15分以上遅れた列車の乗客は、今後の乗車券購入で割引を受けることができる。

前のPassengers（乗客）と後ろのtrains（列車）をつなぐには、所有格関係代名詞の (C) whose が適切。Passengers whose trains are delayed で「遅れた列車の乗客」。

□ **purchase** 名 購入

199. Eighteen staff members ------- yesterday's workshop to learn how to use the new software program.

(A) retrieved
(B) attended
(C) appeared
(D) enrolled

200. To access your online account -------
February 28, you must enter your new username and password.

(A) soon
(B) after
(C) onto
(D) between

201. Ms. Moore will write a book review on the weekend and then submit her work for
-------.

(A) publish
(B) publisher
(C) published
(D) publication

訳 18名の社員が新しいソフトの使い方を学ぶために、昨日のワークショップに参加した。

yesterday's workshopを目的語として取る動詞として、(B) attended（参加した）が適切。「新しいソフトの使い方を学ぶために」という文意にも合う。(D) enrolledは、後ろにinが必要（enroll in ～で「～に登録する」）。

□ **retrieve** 動 取り戻す　□ **appear** 動 現れる

訳 2月28日以降にオンライン口座にアクセスするには、新しいユーザー名とパスワードを入力しなければなりません。

(B) after（～以降）を使い、after February 28（2月28日以降）とする。「オンライン口座にアクセスするには、新しいユーザー名とパスワードを入力しなければなりません」という文意にも合う。

□ **online** 形 オンラインの　□ **account** 名 口座
□ **soon** 副 すぐに　□ **onto** 前 ～の上に

訳 Mooreさんは、週末に書評を書き、そして作品を出版に向けて提出する。

空欄前に前置詞forがあるので、空欄には名詞が入る。文意から(D) publication（出版）が適切。submit her work for publicationで「作品を出版に向けて提出する」。(B) publisher（出版社）は、可算名詞なので冠詞が必要。また、「作品を出版社に提出する」という意味を表すには前置詞forをtoに変えて、submit her work to a publisherとする。

□ **book review** 書評　□ **publish** 動 出版する

202. The purpose of the Wave Power Symposium is to ------- discussion on potential solutions for this field.

(A) reach
(B) deliver
(C) facilitate
(D) assemble

203. On May 1, Kangaroo Railways will launch an advertising campaign to ------- its new high-speed service.

(A) obtain
(B) proceed
(C) promote
(D) participate

204. Chelsea Interiors offers prospective clients a consultation by an expert designer in the comfort of ------- home.

(A) them
(B) theirs
(C) their
(D) themselves

訳 Wave Power Symposiumの目的は、この分野における潜在的な解決策に関する議論を促すことである。

discussion（議論）を目的語として取る動詞として、(C) facilitate（促す）が適切。to facilitate discussion on ～で「～に関する議論を促すこと」という意味になるので、シンポジウムの目的として合う。

□ **potential** 形 潜在的な　□ **reach** 動 達する
□ **deliver** 動 配達する、（演説を）行う
□ **assemble** 動 集める、組み立てる

訳 5月1日にKangaroo Railwaysは、新しい高速便を宣伝する広告キャンペーンを開始する。

launch an advertising campaign（広告キャンペーンを開始する）という文意から、its new high-speed service（新しい高速便）を目的語として取る動詞として、(C) promote（宣伝する）が適切。

□ **launch** 動 開始する　□ **obtain** 動 入手する
□ **proceed** 動 進む　□ **participate** 動 参加する

訳 Chelsea Interiorsは、見込み客が自宅の快適さの中で熟練デザイナーによる相談を受けられるようにしている。

後ろに名詞のhome（家）であるので、所有格代名詞の(C) their（彼らの）が適切。in the comfort of their homeで「自宅の快適さの中で」。

□ **prospective** 形 見込みのある
□ **consultation** 名 相談
□ **expert** 形 熟練した　□ **comfort** 名 快適さ

205. Factory supervisors report product defects to the quality control manager ------- they are discovered.

(A) as well as
(B) as soon as
(C) in addition to
(D) in regard to

206. Tipping is ------- in North America for some services, especially those provided by wait staff, bellhops, and valets.

(A) regarded
(B) certified
(C) customary
(D) prominent

207. Balton Excursions requests that passengers arrive at the bus terminal 45 minutes prior to their tour's scheduled -------.

(A) departure
(B) depart
(C) departing
(D) departed

訳 工場監督者は、製品の欠陥が見つかったらすぐに品質管理責任者に報告する。

空欄後の they は product defects（製品の欠陥）を指している。空欄前の「工場監督者は製品の欠陥を品質管理責任者に報告する」と後ろの「それらが（製品の欠陥が）見つかる」をつなぐには、(B) as soon as（〜するとすぐに）が適切。
- □ **supervisor** 名 監督者　□ **defect** 名 欠陥
- □ **quality control** 品質管理　□ **A as well as B** A も B も
- □ **in addition to** 〜　〜に加えて
- □ **in regard to** 〜　〜については

訳 北米では、一部のサービス、特に給仕スタッフ、ベルボーイ、駐車係によって提供されるサービスに対して、チップを渡すことは慣習となっている。

Tipping is ------- （チップを渡すことは ------- である）には、(C) customary（慣習となっている）が適切。
- □ **tip** 動 チップを渡す　□ **wait staff** 給仕スタッフ
- □ **bellhop** 名 ベルボーイ　□ **valet** 名 駐車係
- □ **regard** 動 みなす　□ **certified** 形 有資格の
- □ **prominent** 形 有名な、目を引く

訳 Balton Excursions は、乗客がツアーの予定された出発の45分前までにバスターミナルに到着するように求めている。

their tour's scheduled ------- には、名詞の (A) departure（出発）が適切。 scheduled departure で「予定された出発」。
- □ **request** 動 求める　□ **depart** 動 出発する

208. Ms. Lane will stay in her current position until she ------- the skills required to become a loan officer.

(A) converts
(B) gains
(C) exchanges
(D) adapts

209. The presentation on IT business solutions lasted ------- three hours with one ten-minute coffee break.

(A) finally
(B) nearly
(C) largely
(D) mainly

210. ------- Oracle Depot decides to introduce its products in India will depend on the results of its recent market research.

(A) As
(B) While
(C) Whether
(D) Before

訳 Lane さんは、融資担当者になるために必要なスキルを身に付けるまで、現在の職に留まる。

「融資担当者になるために必要なスキルを------- するまで、現在の職に留まる」の文意から、(B) gains（身に付ける）が適切。

□ **current** 形 現在の　□ **required** 形 必要な
□ **loan officer** 融資担当者　□ **convert** 動 変換する
□ **exchange** 動 交換する　□ **adapt** 動 順応させる

訳 IT ビジネスソリューションに関するプレゼンは、10分間のコーヒーブレイク 1 回をはさみ、3時間近く続いた。

後ろの three hours（3時間）を修飾するには、(B) nearly（～近く）が適切。lasted nearly three hours で「3時間近く続いた」。

□ **finally** 副 最後に　□ **largely** 副 大部分は
□ **mainly** 副 主に

訳 Oracle Depot が商品をインドで売り出すことを決めるかどうかは、同社の最近の市場調査の結果による。

(C) Whether（～かどうか）を使い、Whether Oracle Depot decides to introduce its products in India とすると、「Oracle Depot が商品をインドで売り出すことを決めるかどうか」という意味になり、will depend on the results（結果による）の主語として上手く機能する。

□ **introduce** 動 売り出す　□ **depend on** ～ ～による
□ **market research** 市場調査

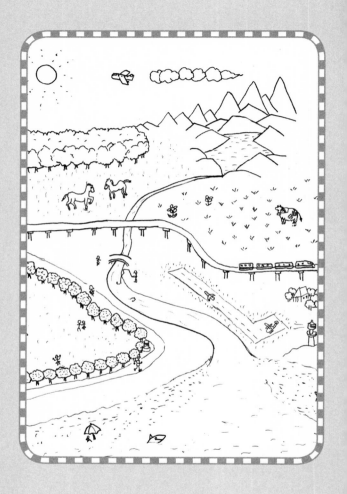

Set 8

間違えた問題はもちろん、正解の理由が明確に
なっていない問題は、自分でしっかり根拠を示せる
まで学習しましょう。スコアアップは、しっかりし
た復習から生まれます。

　1周、2周、3周…と、自分で納得するまで続け
ましょう。トレーニングは裏切りません。

Set 8	実施日	正答数
1回目	月　　　日	／30問
2回目	月　　　日	／30問
3回目	月　　　日	／30問
4回目	月　　　日	／30問
5回目	月　　　日	／30問

211. The sales director wants the customer service department to deal with complaints more -------.

(A) quick
(B) quickly
(C) quickest
(D) quickness

212. Mr. Rhodes has been exploring new methods for improving the efficiency ------- cement production processes.

(A) at
(B) of
(C) on
(D) into

213. Extension cords are now sold in a wider ------- of lengths and colors compared to twenty years ago.

(A) range
(B) trend
(C) result
(D) way

211. 正解 (B) quickly　品詞

訳 営業部長は、顧客サービス部が苦情をより迅速に処理することを希望している。

more とセットで、deal with complaints (苦情に対応する)を修飾する語として、副詞の (B) quickly (迅速に)が適切。(A) quick も副詞として使われることがあるが、前に more があるので不可 (quick の比較級は quicker)。

□ **deal with ～** ～に対応する　□ **complaint** 名 苦情
□ **quickness** 名 迅速さ、速さ

212. 正解 (B) of　前置詞

訳 Rhodes さんは、セメント製造工程の効率を向上させる新しい方法を模索している。

(B) of は「～の」を意味するので、the efficiency of cement production processes (セメント製造工程の効率)とする。
□ **explore** 動 模索する、探検する
□ **improve** 動 向上させる
□ **efficiency** 名 効率　□ **production process** 製造工程

213. 正解 (A) range　語彙

訳 20年前と比べ、延長コードは現在、より多様な長さと色で販売されている。

(A) range (幅)を使い、a wider range of lengths and colors (より幅広い長さと色=より多様な長さと色)とする。
□ **extension** 名 延長　□ **compared to ～** ～比べて
□ **trend** 名 流行　□ **result** 名 結果　□ **way** 名 方法

214. Despite increased funding for its research program, Zakto Labs is ------- a shortage of qualified workers.

(A) face
(B) faced
(C) facing
(D) facial

215. Those enrolled in the crane operator program will be presented with a certificate upon ------- of the course.

(A) compliance
(B) application
(C) importance
(D) completion

216. A memorandum concerning the company's ------- will be sent to the European offices by Friday.

(A) reorganize
(B) reorganizes
(C) reorganized
(D) reorganization

訳 研究プログラムへの資金が増額されたにもかかわらず、Zakto Labsは適任の従業員の不足に直面している。

(C) facingを使い、is facing ～（～に直面している）とすると、後ろのa shortage of qualified workers（適任の従業員の不足）を目的語として取る形になる。(B) facedは、is faced with ～であれば、「～に直面している」の意味になるので、この文に合う。

□ **increased** 形 増加された　□ **funding** 名 資金
□ **shortage** 名 不足　□ **qualified** 形 適任の
□ **face** 動 直面する　□ **facial** 形 顔の

訳 クレーン運転者プログラム受講者には、コース修了時に修了証書が授与される。

(D) completion（修了）を使い、upon completion of the course（コース修了時に）とすると、文意に合う。

□ **enrolled in ～** ～を受講している
□ **present** 動 授与する
□ **certificate** 名 修了証書　□ **compliance** 名 遵守
□ **application** 名 応募、応用　□ **importance** 名 重要性

訳 会社の再編に関する通達は、金曜日までにヨーロッパの事務所に送られる。

空欄前にthe company's（会社の）があるので、名詞の(D) reorganization（再編）が適切。

□ **memorandum** 名 通達
□ **concerning** 前 ～に関する
□ **reorganize** 動 再編成する

217. Patinkin Pharmaceuticals engages in numerous ------- research projects as it seeks to develop new medications.

(A) collaborate
(B) collaborator
(C) collaborative
(D) collaboratively

218. A new photography exhibition at the Herrington Gallery shows how the city's downtown area has changed ------- the years.

(A) within
(B) across
(C) through
(D) among

219. ------- on exhibit at a museum in Paris, the painting is now at a gallery in Pelham City.

(A) Consequently
(B) Formerly
(C) Individually
(D) Accordingly

訳 新薬の開発を目指し、Patinkin Pharmaceuticals は数多くの共同研究プロジェクトに関わっている。

後ろの research projects（研究プロジェクト）を修飾するには、形容詞の (C) collaborative（共同の）が適切。

□ **engage** 動 関わる　□ **develop** 動 開発する
□ **medication** 名 薬　□ **collaborate** 動 協力する
□ **collaborator** 名 協力者　□ **collaboratively** 副 共同で

訳 Herrington 美術館の新しい写真展は、市の中心部が年月とともに、どのように変わってきているかを見せている。

through the years で「年月を通して、年月とともに」という意味になるので、(C) through（〜を通して）が正解。(A) within（〜以内で）は後ろに具体的な年月を示す語が続き、within the last ten years（過去 10 年間で）のように使う。

□ **exhibition** 名 展覧会　□ **downtown area** 街の中心部

訳 その絵は、以前はパリの博物館に展示されていたが、現在 Pelham 市の美術館にある。

カンマ後の the painting is now at a gallery in Pelham City（その絵は現在 Pelham 市の美術館にある）から、「以前はパリの博物館に展示されていた」の意味になる (B) Formerly（以前は）が適切。Formerly on exhibit at a museum in Paris は、Although it was formerly on exhibit at a museum in Paris の省略形。

□ **on exhibit** 展示されている　□ **consequently** 副 その結果として　□ **individually** 副 個々に、個人で
□ **accordingly** 副 応じて

220. Visit a Vendel Vitamins store for a free cup of herbal tea and nutritional advice from our ------- staff.

(A) knowledge
(B) knowledgeable
(C) know
(D) knowingly

221. Mr. Chang will correct the errors in the expense report before he ------- with the other accountants.

(A) meeting
(B) meets
(C) meet
(D) met

222. If you must speak on the phone during the bus tour, please be ------- to the other passengers by lowering your voice.

(A) willing
(B) careful
(C) courteous
(D) prepared

訳 Vendel Vitamins の店舗にお越しください。ハーブティーを無料でご提供し、当店の知識豊富なスタッフが栄養に関するアドバイスをいたします。

our ------- staff という並びになっているので、後ろの名詞 staff を修飾する形容詞の (B) knowledgeable（知識豊富な）が適切。our knowledgeable staff で「当店の知識豊富なスタッフ」。

□ **herbal** 形 ハーブの　□ **nutritional** 形 栄養の
□ **knowledge** 名 知識　□ **knowingly** 副 承知の上で

訳 他の経理担当者たちと会う前に、Chang さんは経費報告書の誤りを訂正する。

この文は未来のことを述べている。時を表す接続詞 before の後ろの節では、未来のことを述べるのに現在形または現在完了形が使われるので、(B) meets が正解。主語 he を受ける動詞として、(A) meeting と (C) meet では形が合わない。また、Mr. Chang が他の経理担当者に会うのはこれから先のことなので、過去形の (D) met は不適切。

□ **correct** 動 訂正する　□ **expense report** 経費報告書
□ **accountant** 名 経理担当者

訳 バスツアー中に電話で話す必要がある場合は、声を下げて他の乗客へのご配慮をお願いいたします。

「声を下げて他の乗客へ-------」には、(C) courteous（礼儀正しい）が適切。be courteous to the other passengers で「他の乗客に対して礼儀正しくする＝配慮する」。(B) careful は後ろに前置詞 to は取らない（to 不定詞は可）。

□ **lower** 動 下げる　□ **prepared** 形 準備できた

223. Mr. Duvall was promoted to the branch manager position ------- his hard work and excellent interpersonal skills.

(A) as opposed to
(B) due to
(C) so that
(D) in order to

224. Ms. Payton was ------- employed as a substitute teacher before securing a full-time teaching position.

(A) temporarily
(B) creatively
(C) perfectly
(D) slightly

225. Berwick Global is an international consulting firm offering a ------- array of services in South America.

(A) diversity
(B) diverse
(C) diversely
(D) diversifying

訳 勤勉さと素晴らしい対人能力により、Duvall さんは支店長へ昇進した。

後ろの「彼の勤勉さと素晴らしい対人能力」は、前の「支店長へ昇進した」の理由にあたるので、理由を導く前置詞の (B) due to（〜により）が適切。

□ **be promoted** 昇進する　□ **interpersonal** 形 対人の
□ **as opposed to 〜** 〜とは対照的に
□ **so that 〜** 〜できるように
□ **in order to 〜** 〜するために

訳 正規の教職に就く前に、Payton さんは代行教員として一時的に雇用された。

空欄前後の was employed（雇用された）を修飾する副詞を選ぶ。before securing a full-time teaching position（正規の教職に就く前に）から判断し、「一時的に雇用された」となる (A) temporarily（一時的に）が適切。

□ **substitute** 形 代行の　□ **secure** 動 確保する
□ **creatively** 副 創造的に　□ **perfectly** 副 完璧に
□ **slightly** 副 わずかに

訳 Berwick Global は、南米で多種多様なサービスを提供している国際的なコンサルティング会社である。

a ------- array という並びになっているので、後ろの名詞 array（多数）を修飾する語として、形容詞の (B) diverse（多様な）が適切。a diverse array of 〜で「多種多様な〜」。

□ **diversity** 名 多様性　□ **diversely** 副 多様に
□ **diversify** 動 多様化させる

226. Drawing on 18 years of ------- in the industry, Mr. Roth now leads the software engineering department at Microsys Tech.

(A) experience
(B) excursion
(C) improvement
(D) decision

227. At Emsbay Marine, we can ------- you with obtaining a boating license and docking permit.

(A) assistant
(B) assistance
(C) assist
(D) be assisted

228. Setna Steel remains committed to ------- its carbon emissions using state-of-the-art technology.

(A) lowest
(B) lower
(C) lowered
(D) lowering

訳 業界での18年の経験を活かし、Rothさんは現在Microsys Tech
のソフトウェアエンジニアリング部を率いている。

カンマ後の「Rothさんは現在Microsys Techのソフトウェア
エンジニアリング部を率いている」の文意から、Drawing
on 18 years of -------（18年の-------を活かし）には、(A)
experience（経験）が適切。

□ **draw on** 〜　〜を活かす、活用する　□ **lead** 動 率いる
□ **excursion** 名 小旅行　□ **improvement** 名 改善、向上
□ **decision** 名 決断、決定

訳 Emsbay Marineでは、お客様がボート免許証と停泊許可証を取
得するお手伝いをいたします。

前に助動詞のcan、後ろには目的語youがあるので、空欄に
は動詞の原形の(C) assist（手伝う）が適切。assist A with
-ingで「Aが〜するのを手伝う」。

□ **obtain** 動 取得する　□ **docking permit** 停泊許可証
□ **assistant** 名 アシスタント、補佐
□ **assistance** 名 手伝い

訳 Setna Steelは、最先端技術を使い炭素放出量を削減することに
引き続き全力で取り組んでいる。

committed toのtoは前置詞で、後ろには-ing形が続くの
で、(D) loweringが正解。remain committed to -ingで
「〜することに全力で取り組んでいるままでいる＝引き続き
取り組んでいる」。

□ **carbon** 名 炭素　□ **emission** 名 排出量
□ **state-of-the-art** 形 最先端の
□ **lower** 動 下げる、削減する

77

229. Please print out your Goway Rail e-ticket
------- present it to an attendant prior to
boarding the train.

(A) for
(B) if
(C) and
(D) but

230. The financial planner provided a number
of ideas on how to identify ------- that
could yield high returns.

(A) invests
(B) investors
(C) investing
(D) investments

231. The new software makes it easier for
employees to store client information
------- on their computers.

(A) safely
(B) highly
(C) intensely
(D) previously

229. 正解 (C) and　接続詞

訳 Goway RailのEチケットを印刷して、列車に乗車する前に係員にご提示ください。

空欄前の print out your Goway Rail e-ticket（Goway RailのEチケットを印刷する）と後ろの present it to an attendant（係員にそれを提示する）は並列関係にあるので、等位接続詞の (C) and が適切。

□ **attendant** 名 係員、乗務員　□ **prior to ～** ～の前に
□ **board** 動 乗車する、乗る

230. 正解 (D) investments　品詞

訳 ファイナンシャルプランナーは、高い利益を生む可能性のある投資を見つける方法について多くの案を出した。

動詞 identify（見つける）の目的語として、名詞の (D) investments（投資）が適切。後ろの that could yield high returns（高い利益を生む可能性がある）にも意味的に合う。(B) investors（投資家）も名詞だが、文意に合わない。

□ **yield** 動 生む　□ **return** 名 （投資に対する）利益
□ **invest** 動 投資する

231. 正解 (A) safely　語彙

訳 新しいソフトは、職員が顧客情報を各自のコンピューターに安全に保存することを容易にする。

「新しいソフトは、職員が顧客情報を保存することを容易にする」という文意から、(A) safely（安全に）が適切。

□ **store** 動 保存する　□ **highly** 副 非常に、高く
□ **intensely** 副 極度に　□ **previously** 副 以前に

232. Valco cardholders can view their ------- credit card transaction history online at www.valco.com.

(A) all
(B) soon
(C) each
(D) recent

233. ------- for our training services is determined by class size and the availability of our instructors.

(A) Priced
(B) Pricing
(C) Pricey
(D) Priceless

234. After the art dealer estimated the value of the vase, its owner offered ------- appraisal of the antique.

(A) her own
(B) herself
(C) hers
(D) she

訳 Valcoカード所有者は、最近のクレジットカード利用履歴を
www.valco.comにてオンラインで閲覧できる。

空欄後のcredit card transaction history（クレジットカード
利用履歴）を修飾する語として、形容詞の(D) recent（最近
の）が適切。their recent credit card transaction history で
「（カード所有者の）最近のクレジットカード利用履歴」。(A)
allを使う場合は、all their credit card transaction history
（すべてのクレジットカード利用履歴）の語順になる。(C)
eachの前には、their は用いない（each of their 〜の語順に
なる）。

□ **view** 動 閲覧する　□ **transaction history** 利用履歴

訳 弊社の研修の価格設定は、クラスの大きさとインストラクター
の空き状況によって決められます。

空欄には文の主語となる語が求められているので、名詞の
(B) Pricing（価格設定）が適切。Pricing for our training
services（弊社の研修の価格設定）が主語になる。

□ **determine** 動 決める　□ **availability** 名 空き状況
□ **price** 動 価格設定する　□ **pricey** 形 高価な
□ **priceless** 形 値段が付けられないくらい貴重な

訳 美術商が花瓶の価値を見積もった後、所有者はそのアンティー
クに対する彼女自身の評価額を提示した。

後ろにappraisal of the antique（アンティークの評価額）が
続くので、所有格の(A) her own（彼女自身の）が適切。

□ **estimate** 動 見積もる　□ **vase** 名 花瓶
□ **offer** 動 提示する　□ **appraisal** 名 評価

235. Infostem Corp sends its major customers a quarterly newsletter ------- includes information about new products and services.

(A) what
(B) when
(C) where
(D) that

236. Not only will the contractor paint the exterior of the building but the interior -------.

(A) far enough
(B) as well
(C) before long
(D) ever

237. Although an agreement was signed by both Magellan Logistics and Polaris Shipping, it will not take effect ------- October.

(A) until
(B) over
(C) along
(D) since

訳 Infostem Corp は、新しい商品やサービスに関する情報を含む季刊のニュースレターを主要な顧客へ送る。

関係代名詞の (D) that を使うと、前の newsletter を先行詞として受け、後ろの includes の主語として機能する。(A) what は、先行詞がある場合は使えない。

□ **quarterly** 形 季刊の、年4回の

訳 請負業者はビルの外部だけではなく内部の塗装も同様に行う。

「外部だけではなく内部の塗装も行う」という文意に合うのは、(B) as well (同様に)。文頭に not only が来ると倒置が起こり、疑問文と同じ語順になる。ここでは will the contractor paint となっている (paint は動詞で「塗装する」)。

□ **contractor** 名 請負業者　□ **exterior** 名 外装
□ **interior** 名 内装　□ **far enough** 十分に離れて
□ **before long** 間もなく

訳 契約は Magellan Logistics と Polaris Shipping の両社によって署名されたが、10月まで有効にならない。

空欄前の it will not take effect (それは有効にならない) と、後ろの October (10月) をつなぐには、「10月まで有効にならない」となる (A) until (〜まで) が適切。it は agreement (契約) を指している。

□ **although** 接 〜だけれども　□ **agreement** 名 契約
□ **sign** 動 (契約を) 結ぶ
□ **take effect** 実施される、有効になる

238. Ms. Yuen completed two separate registration forms because she wanted to attend ------- the presentation and the banquet.

(A) so
(B) nor
(C) both
(D) either

239. Peggy's Catering requires at least 24 hours' notice to ------- any changes or additions to orders.

(A) accommodate
(B) monitor
(C) elaborate
(D) conform

240. The focus group was asked to write down ------- came to mind when shown Orson Foods' new cereal box packaging.

(A) whatever
(B) whenever
(C) everything
(D) anything

238. 正解 (C) both 語法

訳 Yuenさんは、プレゼンと懇親会の両方に参加したかったので、2つの別の登録用紙に記入した。

空欄後にthe presentation and the banquet（プレゼンと懇親会）が続くので、(C) bothを使い、「プレゼンと懇親会の両方に」とする。

□ **complete** 動 記入する □ **registration** 名 登録

239. 正解 (A) accommodate 語彙

訳 Peggy's Cateringは、注文への変更および追加へ対応するために、少なくとも24時間前の連絡を必要としている。

「少なくとも24時間前の連絡を必要としている」の理由として、「注文への変更および追加へ対応するために」となる、(A) accommodate（対応する）が適切。

□ **monitor** 動 監視する □ **elaborate** 動 詳しく述べる
□ **conform** 動 （規則や習慣などに）従う

240. 正解 (A) whatever 代名詞

訳 フォーカスグループは、Orson Foodsの新しいシリアルの箱の包装を見せられた時、思い浮かんだことを何でも書き留めるように求められた。

空欄前のwrite down（書き留める）の目的語となり、後ろのcame to mind（思い浮かんだ）の主語となるのは、(A) whatever（何でも）。whatever came to mind で「思い浮かんだことは何でも」。(C) everything（すべて）と (D) anything（何でも）は後ろに関係代名詞のthatまたはwhichが必要。

□ **focus group** フォーカスグループ（市場調査のために抽出された消費者グループ）
□ **come to mind** 思い浮かぶ □ **packaging** 名 包装

Set 9

間違えた問題はもちろん、正解の理由が明確になっていない問題は、自分でしっかり根拠を示せるまで学習しましょう。スコアアップは、しっかりした復習から生まれます。

　1周、2周、3周…と、自分で納得するまで続けましょう。トレーニングは裏切りません。

Set 9	実施日	正答数
1回目	月　　日	／30問
2回目	月　　日	／30問
3回目	月　　日	／30問
4回目	月　　日	／30問
5回目	月　　日	／30問

241. Selta Limited will open a new flagship store ------- 206 Vernon Lane next February.

(A) at
(B) into
(C) about
(D) through

242. Many companies around the world are ------- relying on e-commerce channels to achieve their profit targets.

(A) increases
(B) increased
(C) increasing
(D) increasingly

243. A report ------- by Forewind Research in November included the latest predictions for next year's fashion trends.

(A) resembled
(B) estimated
(C) released
(D) subscribed

訳 Selta Limited は来年2月、206 Vernon Lane に新しい旗艦店を
出す予定である。

後ろに 206 Vernon Lane という住所が続くので、場所を表
す (A) at が適切。

□ **flagship store** 旗艦店（最も重要な位置付けにある店）

訳 利益目標を達成するために、世界中の多くの企業が電子商取引
の流通経路をますます頼りにしている。

are relying on（頼りにしている）を修飾するには、副詞の
(D) increasingly（ますます）が適切。

□ **rely on ～** ～を頼りにする
□ **e-commerce** 名 電子商品取引
□ **channel** 名（商品などの）流通経路
□ **achieve** 動 達成する

訳 11月に Forewind Research によって発表された報告書は、来
年のファッション傾向の最新予測を含んでいた。

この文のメインの動詞は、included（含んでいた）で、その
前の A report ------- by Forewind Research in November
は、A report that was ------- by Forewind Research in
November の that was が省略された形。よって、空欄に入
る語は、前の A report（報告書）を後ろから修飾する。「11月
に Forewind Research によって ------- された報告書」の文
意に合うのは、(C) released（発表された）。

□ **latest** 形 最新の　　□ **prediction** 名 予測
□ **trend** 名 傾向　　□ **resemble** 動 似ている
□ **estimate** 動 見積もる　　□ **subscribe** 動 定期購読する

244. The Fenlume X-36 flashlight will come in handy if you ever lose power at your
------- .

(A) appliance
(B) residence
(C) employment
(D) expertise

245. Mr. Hanson will receive an award at Henderson Realty's annual banquet for ------- 32 years of service to the company.

(A) his
(B) he
(C) him
(D) himself

246. The Stockholm-based company Exopec Industries is one of Europe's leading ------- of household chemicals.

(A) manufacturer
(B) manufacturers
(C) manufacturing
(D) manufactures

訳 万が一、家で停電になった場合、Fenlume X-36懐中電灯は役に立つ。

(B) residence（住居）を使い、at your residence（あなたの家で）とすると、「停電になった場合、懐中電灯は役に立つ」という文意に合う。

□ **flashlight** 名 懐中電灯　□ **come in handy** 役に立つ
□ **lose power** 停電になる　□ **appliance** 名 電化製品
□ **employment** 名 雇用　□ **expertise** 名 専門知識

訳 Hanson さんは、Henderson Realty の年次晩餐会で勤続32年に対する賞を受ける。

空欄後の 32 years of service to the company は、「32年間の勤務」という意味の名詞句なので、所有格の (A) his が正解。

□ **award** 名 賞　□ **banquet** 名 晩餐会
□ **service** 名 勤務

訳 ストックホルムに本社を置く Exopec Industries は、ヨーロッパにおける家庭用化学薬品の主要メーカーのひとつだ。

one of の後ろには、複数形の名詞が必要なので、(B) manufacturers（製造業者、メーカー）が正解。(D) manufactures も名詞の複数形になるが、「製品」という意味なので、文意に合わない（manufacture は、通常「製造する」という意味の動詞で用いられるが、「製造、（複数形で）製品」という意味の名詞の用法もある）。

□ **～-based** ～を本拠地としている　□ **leading** 形 主要な
□ **household** 形 家庭用の　□ **chemical** 名 化学薬品
□ **manufacturing** 名 製造業

247. Before operating your new backhoe for the first time, make sure to ------- yourself with all the controls.

(A) learn
(B) caution
(C) familiarize
(D) devote

248. Since the director started encouraging his staff to take an afternoon break, employee ------- has remarkably increased.

(A) suitability
(B) condition
(C) creation
(D) productivity

249. At the meeting next week, members of senior management ------- recommendations provided by the team leaders.

(A) to review
(B) reviewed
(C) has reviewed
(D) will review

訳 新しいバックホーを初めて使う前に、必ずすべての制御装置に慣れておいてください。

(C) familiarize（慣れる）を使い、familiarize yourself with all the controls（すべての制御装置に慣れる）とすると、新しいバックホーを初めて使う前に必ず行うこととして適切。familiarize oneself with ～で「～に慣れる」。(D) devote（充てる）は、devote oneself to ～で「～に身をささげる、～に専念する」。

□ **backhoe** 名 バックホー（シャベルの付いた掘削機）
□ **make sure to ～** 必ず～する　□ **caution** 動 注意する

訳 部長が職員に午後の休憩を取ることを奨励し始めてから、従業員の生産性が著しく向上している。

「部長が職員に午後の休憩を取ることを奨励し始めてから、従業員の-------が著しく向上している」には、(D) productivity（生産性）が適切。

□ **encourage** 動 奨励する　□ **remarkably** 副 際立って
□ **suitability** 名 適合性　□ **condition** 名 状態、条件
□ **creation** 名 創作

訳 来週の会議で、経営幹部陣はチームリーダーから出される提言を検討する。

動詞 review はいろいろな意味を持つが、ここでは後ろに recommendations（提言）が続いているので、「検討する」。文頭の At the meeting next week（来週の会議で）から、「検討する」のは未来であるとわかるので、(D) will review が適切。

□ **senior management** 経営幹部

250. Creswell Legal Services has ------- in labor and employment law for more than 40 years.

(A) offered
(B) retained
(C) specialized
(D) dedicated

251. ------- receiving regular training at the head office, many Merak employees are taking courses outside the company.

(A) So that
(B) Whether
(C) However
(D) In addition to

252. The study indicates ------- Vidar-Spray protects leather longer than any other product on the market.

(A) such
(B) that
(C) as
(D) those

訳 Creswell Legal Services は、40 年以上、労働雇用法を専門と
してきている。

specialize in 〜で「〜を専門とする」なので、(C) special-
ized を用いて、has specialized in labor and employment
law (労働雇用法を専門としてきている) とする。

□ **labor** 名 労働　　□ **retain** 動 保持する、雇う

□ **dedicate** 動 ささげる

訳 Merak 社の社員の多くは、本社での定期研修を受けることに加
え、社外のコースも受講している。

後半の「社外のコースを受講している」は、前半の「本社での
定期研修を受ける」に対して追加で行われていることなので、
(D) In addition to (〜に加え) が適切。

□ **outside** 前 〜の外の

□ **so that 〜** 〜できるように

□ **whether** 接 〜かどうか

□ **however** 副 しかしながら

訳 調査は、Vidar-Spray が市場に出ている他の製品より長く皮革を
保護することを示している。

(B) that を使うと、「Vidar-Spray が市場に出ている他の製品
より長く皮革を保護すること」という that 節ができ、indicates
(示す) の目的語として機能する。

□ **protect** 動 保護する　　□ **leather** 名 皮革

□ **on the market** 市場に出ている

253. To meet overseas shipping requirements, perishable food items must be sent in ------- packaging suitable for storage in freezers.

(A) approving
(B) approved
(C) approve
(D) approvingly

254. Delivery personnel are advised to ------- parking on Carrington Road until after the new streetlights are installed.

(A) avoid
(B) cancel
(C) escape
(D) conclude

255. So that we can get the daily staff meetings started on time, all nurses are expected to arrive -------.

(A) equally
(B) briefly
(C) punctually
(D) frequently

訳 海外発送条件を満たすため、生鮮食料品は冷凍庫での保存に適した認可済の梱包で送られなければならない。

後ろの名詞packaging（梱包）を修飾する語として、(B) approved（認可済の）が適切。approved packagingで「認可済の梱包」。(A) approving（賛成の、満足そうな）も名詞を修飾することができるが、意味的に合わない。

□ **requirement** 名 条件　□ **perishable** 形 傷みやすい
□ **suitable** 形 適切な　□ **storage** 名 保存
□ **approvingly** 副 賛成して、満足げに

訳 新しい街灯が設置されるまで、配達員はCarrington Roadに駐車しないよう指示されている。

動詞avoid（避ける）は、後ろに -ing形が続き、「〜することを避ける」の意味を表す。avoid parking on 〜 で「〜に駐車するのを避ける＝〜に駐車しない」。

□ **delivery personnel** 配達員　□ **install** 動 設置する
□ **cancel** 動 取り消す　□ **escape** 動 逃れる
□ **conclude** 動 結論を下す

訳 毎日のスタッフミーティングを時間通りに始められるように、全看護師は時間通りに来るよう求められている。

動詞arrive（来る）を修飾する副詞として、(C) punctually（時間通りに）が適切。

□ **on time** 時間通りに　□ **equally** 副 同様に
□ **briefly** 副 手短に　□ **frequently** 副 頻繁に

256. The Happy Pet House can be disassembled and reassembled ------- so that dog owners can travel with it easily.

(A) effort
(B) efforts
(C) effortless
(D) effortlessly

257. The use of a mobile phone is ------- at Blue Coral Spa except in the reception area.

(A) prohibit
(B) prohibiting
(C) prohibitive
(D) prohibited

258. Now known around the world for his acting, Mick Bradford first gained worldwide ------- as a singer.

(A) recognition
(B) consequence
(C) representation
(D) favorite

256. 正解 (D) effortlessly　品詞

訳 犬の飼い主が旅行に持って行きやすいように、Happy Pet House は簡単に分解と再組み立てができる。

前の can be disassembled and reassembled（分解と再組み立てができる）を修飾する語として、副詞の (D) effortlessly（簡単に）が適切。

□ **disassemble** 動 分解する
□ **reassemble** 動 再度組み立てる
□ **effort** 名 努力　□ **effortless** 形 楽な、簡単な

257. 正解 (D) prohibited　品詞／動詞の形

訳 Blue Coral Spa では、受付付近を除き、携帯電話の使用が禁止されている。

prohibit は「禁止する」の意味の他動詞。携帯電話の使用は「禁止される」ものなので、受動態をつくる (D) prohibited が適切。

□ **except** 前 〜を除き　□ **reception** 名 受付
□ **prohibitive** 形 禁止する、（値段が）法外な

258. 正解 (A) recognition　語彙

訳 今は演技で知られているが、Mick Bradford は最初、歌手として世界的に認識された。

カンマ前の「今は彼の演技で知られている」との関係から、「Mick Bradford は最初、歌手として世界的な-------を得た」には、(A) recognition（認識）が適切。gain recognition で「認識を得る＝認識される」。

□ **known for 〜** 〜で知られている
□ **consequence** 名 結果
□ **representation** 名 代表　□ **favorite** 名 お気に入り

87

259. The president of Hesston Fisheries is
------- that operations can resume at its
Cape Hardy canning plant next month.

(A) hope
(B) hopeful
(C) hopefully
(D) hoped

260. Only two employees ------- in the research
department were promoted to senior
positions last year.

(A) work
(B) working
(C) worked
(D) works

261. The mayor's proposal to install parking
meters along Burrard Street was ------- by
the city council.

(A) rejecting
(B) rejected
(C) rejection
(D) rejects

訳 Hesston Fisheriesの社長は、来月にはCape Hardyの缶詰工場での操業が再開できると期待している。

(B) hopeful（期待を持っている）を使って、is hopeful that 〜（〜ということを期待している）とすると、「来月にはCape Hardyの缶詰工場での操業が再開できる」と上手くつながる。

□ **operation** 名 操業　□ **resume** 動 再開する
□ **hope** 名 希望　動 希望する
□ **hopefully** 副 願わくは、できれば

訳 昨年、研究部門に勤務している社員のうち、2人しか上級職に昇進しなかった。

文頭からdepartmentまでが主語で、その後のwere promoted（昇進した）が動詞なので、空欄には前のemployees（社員）を修飾する分詞が入る。よって、(B) workingを使い、employees working in the research department（研究部門に勤務している社員）とする。

□ **promote** 動 昇進させる　□ **senior position** 上級職

訳 Burrard Street沿いにパーキングメーターを設置するという市長の提案は、市議会によって却下された。

前にwas、後ろにby the city council（市議会によって）があるので、(B) rejectedを使い、「市議会によって却下された」の意味の受動態にする。

□ **reject** 動 却下する、拒否する　□ **rejection** 名 却下

262. Because the Columbus Flea Market ------- new items every week, it always attracts a lot of shoppers.

(A) features
(B) improvises
(C) withholds
(D) applies

263. In his new book, journalist Sean Woods recounts his experiences as a ------- in South America.

(A) correspond
(B) correspondent
(C) corresponding
(D) correspondence

264. Bronson Hardware has a workshop ------- shoppers can try out the latest power tools.

(A) which
(B) who
(C) whose
(D) where

訳 Columbus Flea Market は毎週新しい品物を紹介するので、いつも多くの買い物客を引き付けている。

前半は「いつも多くの買い物客を引き付けている」の理由を示しているので、「毎週新しい品物を紹介するので」となる(A) features が適切。動詞 feature は「紹介する、特集する、呼び物にする」などの意味を持つ。

□ **attract** 動 引き付ける　□ **improvise** 動 即興で作る
□ **withhold** 動 差し控える　□ **apply** 動 適応する

訳 ジャーナリストの Sean Woods は、最新の著書で南米特派員としての経験を詳述している。

前に冠詞a、後ろに前置詞inがあるので、空欄には名詞が入る。his experience as a ------- (------- としての経験) には、(B) correspondent (特派員) が適切。(D) correspondence (手紙のやりとり、一致) も名詞だが、意味的に合わない。

□ **recount** 動 詳述する
□ **correspond** 動 合致する、該当する、文通する

訳 Bronson Hardware は、買い物客が最新の電動工具を試すことができるワークショップを開いている。

(D) where を使い、a workshop where shoppers can try out the latest power tools とすると、「買い物客が最新の電動工具を試すことができるワークショップ」となり、意味が通る。(C) whose では「ワークショップの買い物客」の意味になるので、不適切。

□ **try out 〜** 〜を試す　□ **latest** 形 最新の
□ **power tool** 電動工具

265. Everyone on the tour went to the top of the Empire Tower Building, and ------- were impressed with the view.

(A) all
(B) any
(C) anything
(D) everything

266. The Seidell Company expanded its board of directors with the ------- of two vice presidents.

(A) association
(B) circumstance
(C) appointment
(D) connection

267. The Elgin Program provides attorneys to individuals who may not ------- be able to acquire one.

(A) once
(B) unless
(C) otherwise
(D) hardly

訳 ツアー参加者全員が Empire Tower Building の最上階へ上り、全員その眺望に感銘を受けた。

後ろにwereが続くので、空欄には複数扱いの語が入る。よって、「全員」を意味する(A) all が正解。

□ **impressed with ~** ～に感銘を受ける
□ **view** 名 眺望

訳 Seidell 社は、副社長2名の任命によって取締役会を拡張した。

「Seidell 社は、副社長2名の ------- によって取締役会を拡張した」には、(C) appointment (任命) が適切。前置詞のwithは「～によって」の意味で、手段を示す。

□ **expand** 動 拡張する　□ **board of directors** 取締役会
□ **association** 名 関連　□ **circumstance** 名 状況
□ **connection** 名 関係

訳 Elgin Program は、弁護士をつけることができない個人に弁護士を提供している。

空欄前後の individuals who may not be able to acquire one は、「それ (＝弁護士) を得ることができないであろう個人」という意味なので、「Elgin Program が弁護士を提供しなければ」の意味になる、(C) otherwise (そうでなければ) が適切。実際はElgin Program が弁護士を提供するので、弁護士がつくが、もしそのような救済がなければ自力では弁護士がつけることができない、という意味。

□ **attorney** 名 弁護士　□ **individual** 名 個人
□ **acquire** 動 得る　□ **unless** 接 もし～でなければ
□ **hardly** 副 ほとんど～でない

268. Kitchens in our rental cottages are ------- equipped with everything you need to make your own meals.

    (A) fully
    (B) exactly
    (C) shortly
    (D) sharply

269. Traveling to Taratt Island will be easier ------- the Star Harbor Terminal doubles the number of ferry trips there.

    (A) after
    (B) during
    (C) instead
    (D) beyond

270. Since the questionnaires are completed -------, we are unable to determine which employees did not fill one in.

    (A) massively
    (B) willingly
    (C) relatively
    (D) anonymously

訳 当レンタルコテージのキッチンは、ご自身の食事を調理するのに必要な物がすべて完備されています。

are equipped（備わっている）を修飾する副詞として、(A) fully（完全に）が適切。are fully equipped with 〜で「〜が完全に備わっている＝〜が完備されている」。

□ **cottage** 名 コテージ　□ **equip** 動 備え付ける
□ **exactly** 副 正確に、ちょうど　□ **shortly** 副 すぐに
□ **sharply** 副 鋭く、強く

訳 Star Harbor Terminalがフェリーの運行数を倍にした後は、Taratt島への旅がより楽になる。

後ろに節が続くので、空欄には接続詞が必要。選択肢の中で接続詞として機能するのは、(A) after（〜した後）のみで、文意にも合う。

□ **double** 動 倍にする　□ **during** 前 〜の間
□ **instead** 副 代わりに　□ **beyond** 前 〜を超えて

訳 アンケートは匿名で記入されているので、どの社員が記入しなかったかを特定することができない。

「どの社員が記入しなかったかを特定することができない」という文意に合うのは、(D) anonymously（匿名で）。completed anonymouslyで「匿名で記入されている」。

□ **complete** 動 記入する　□ **determine** 動 特定する
□ **fill in** 記入する　□ **massively** 副 大規模に
□ **willingly** 副 進んで　□ **relatively** 副 比較的に

Set 10

間違えた問題はもちろん、正解の理由が明確になっていない問題は、自分でしっかり根拠を示せるまで学習しましょう。スコアアップは、しっかりした復習から生まれます。

　1周、2周、3周…と、自分で納得するまで続けましょう。トレーニングは裏切りません。

Set 10	実施日	正答数
1回目	月　　日	／30問
2回目	月　　日	／30問
3回目	月　　日	／30問
4回目	月　　日	／30問
5回目	月　　日	／30問

271. Ms. Ritchie was assigned the task of ------- the ideal venue for Mr. Caldwell's retirement party.

(A) find
(B) finds
(C) finding
(D) findings

272. Passengers traveling together in ------- of ten or more will receive a discount on the normal fare.

(A) groups
(B) to group
(C) grouped
(D) grouping

273. Very-Berry juices are less watery and ------- more vitamins and minerals than other leading brands.

(A) enhance
(B) remain
(C) contain
(D) convey

訳 Ritchie さんは、Caldwell さんの退職パーティーのための理想的な会場を見つける任務を与えられた。

前に前置詞ofがあるので、動名詞の (C) finding (見つける) が適切。後ろの the ideal venue (理想的な会場) が finding の目的語になる。

□ **assign** 動 割り当てる　□ **task** 名 任務
□ **venue** 名 会場　□ **retirement** 名 退職
□ **finding** 名 (複数形findingsで) 調査結果

訳 10人以上の団体で旅行するお客様は、通常料金から割引されます。

前に前置詞のin、後ろに前置詞のofがあるので、空欄には名詞の (A) groups (団体) が適切。

□ **fare** 名 料金　□ **group** 動 一団にする、集まる

訳 Very-Berryのジュースは、他の主要ブランドのものより水っぽくなく、より多くのビタミンとミネラルを含んでいる。

more vitamins and minerals (より多くのビタミンとミネラル) を目的語として取る動詞として、(C) contain (含む) が適切。

□ **watery** 形 水っぽい　□ **leading** 形 主要の
□ **enhance** 動 高める　□ **remain** 動 残る
□ **convey** 動 運ぶ、伝える

92

274. Dewitt International's core areas of -------
are management consulting and strategic
planning.

(A) expertise
(B) handling
(C) striving
(D) procedure

275. Aquaider spray cleaner is effective against
a ------- spectrum of microorganisms.

(A) broad
(B) broaden
(C) broadly
(D) broadens

276. Inspectors assessing operations at the
paper mill were ------- by the number of
safety violations they identified.

(A) observed
(B) specified
(C) counted
(D) surprised

訳 Dewitt International の専門分野の中核部は、経営コンサルティングと戦略計画である。

「Dewitt International の ------- の中核部は、経営コンサルティングと戦略計画である」に適切なのは、(A) expertise（専門知識、技術）。area of expertise で「専門分野」。

□ **core** 名 中核部　□ **strategic** 形 戦略
□ **handling** 名 操作　□ **strive** 動 努力する
□ **procedure** 名 手順

訳 Aquaider スプレー式クリーナーは、さまざまな微生物に対して効果的である。

名詞 spectrum（範囲）を修飾するには、形容詞の (A) broad（広い）が適切。a broad spectrum of ～で「広範囲の～、さまざまな～」。

□ **effective** 形 効果的な　□ **microorganism** 名 微生物
□ **broaden** 動 広げる　□ **broadly** 副 広く

訳 製紙工場の工程を査定していた検査官は、彼らが特定した安全基準違反の数に驚かされた。

Inspectors assessing operations at the paper mill（製紙工場の工程を査定していた検査官）が主語で、「彼らが特定した安全基準違反の数によって -------」となっているので、be surprised で「驚かされた」になる、(D) surprised が適切。

□ **inspector** 名 検査官　□ **assess** 動 査定する
□ **paper mill** 製紙工場
□ **safety violation** 安全基準違反
□ **identify** 動 特定する　□ **observe** 動 観察する
□ **specify** 動 明確にする　□ **count** 動 数える

277. Construction of the Allentown Gallery will not resume ------- H&G Architecture has revised the blueprints.

(A) while
(B) by
(C) until
(D) prior

278. Flystar Entertainment hired several ------- security professionals to keep order during the concert.

(A) experience
(B) experiences
(C) experienced
(D) experiencing

279. David Atwell's weekly column in the *Salem Times* has always received ------- responses from readers.

(A) favorite
(B) labeled
(C) present
(D) positive

訳 Allentown Galleryの建設工事は、H&G Architectureが設計図を修正するまで再開しない。

後ろに節が続くので、空欄には接続詞が必要。前半の「Allentown Galleryの建設工事は再開しない」と後半の「H&G Architectureがその設計図を修正する」をつなぐには、「修正するまで再開しない」の意味になる (C) until（〜まで）が適切。(A) while（〜の間、〜である一方で）も接続詞だが、空欄後の動詞 has revisedは、継続する行為ではないので「〜の間」では意味が通じない。また、空欄前後は対比の関係になっていないので「〜である一方で」も不適切。

□ **construction** 名 建設工事　□ **resume** 動 再開する
□ **revise** 動 修正する　□ **blueprint** 名 設計図
□ **prior** 形 前の

訳 Flystar Entertainmentは、コンサート中、秩序を保つために数人の経験豊富な警備のプロを雇った。

security professionals（警備のプロ）を修飾するには、形容詞の (C) experienced（経験豊富な）が適切。

□ **order** 名 秩序　□ **experience** 名 経験　動 経験する

訳 *Salem Times* のDavid Atwellの週刊コラムは、読者から常に好意的な反応を得ている。

名詞 responses（反応）を修飾するには、(D) positive（好意的な）が適切。

□ **favorite** 形 大好きな　□ **labeled** 形 ラベル付きの
□ **present** 形 現在の

280. Used coffee grounds are stored ------- a designated location and later sold for use as fertilizer.

(A) at
(B) with
(C) during
(D) ahead

281. The Odysseus Award is given to hotels that ------- achieve the highest level of excellence in hospitality.

(A) consist
(B) consistencies
(C) consistent
(D) consistently

282. Armstrong Avionics has reported ------- second-quarter earnings compared to the same period of last year.

(A) strength
(B) strongest
(C) stronger
(D) strongly

訳 コーヒーの出し殻は指定された場所に貯蔵されて、その後肥料用として販売される。

前にare stored（貯蔵される）、後ろにa designated location（指定された場所）があるので、場所を示す前置詞の(A) at が適切。

□ **ground** 名 出し殻　□ **store** 動 貯蔵する
□ **designated** 形 指定された　□ **location** 名 場所
□ **fertilizer** 名 肥料

訳 Odysseus Awardは、接客において常に最高水準に達しているホテルに贈られている。

空欄前のthatは関係代名詞で、前のhotelsを先行詞として受け、that節の主語として機能する。that節中の動詞は、achieve（達成する）で、それを修飾するには、副詞の(D) consistently（一貫して）が適切。

□ **achieve** 動 達成する　□ **excellence** 名 優秀さ、卓越性
□ **hospitality** 名 接客　□ **consist** 動 構成する
□ **consistency** 名 一貫性　□ **consistent** 形 一貫した

訳 Armstrong Avionicsは、昨年の同時期と比べ、より高い第2四半期の収益を報告した。

後ろのsecond-quarter earnings（第2四半期の収益）を修飾するには、形容詞が必要だが、その後に比較を表すcompared to 〜（〜と比べ）が続くので、比較級の(C) stronger が適切。

□ **second-quarter** 形 第2四半期の
□ **earnings** 名 収益
□ **strength** 名 強さ　□ **strongly** 副 強く

283. All ship captains are required to follow international ------- for preventing collisions at sea.

(A) advantages
(B) regulations
(C) permissions
(D) perspectives

284. Employees who ------- Haddell Incorporated last month are invited to attend a luncheon for new hires on May 23.

(A) joining
(B) joined
(C) have joined
(D) are joining

285. Mr. Wong spoke only ------- to the media about his decision to sell the company he founded.

(A) briefly
(B) smoothly
(C) gradually
(D) promptly

訳 すべての船長は、海上での衝突を防止するための国際規則を守ることが求められている。

「すべての船長は守ることが求められている」ものとして、(B) regulationsを使ったinternational regulations（国際規則）が適切。

□ **follow** 動（規則などを）守る
□ **prevent** 動 防止する　□ **collision** 名 衝突
□ **advantage** 名 優位　□ **permission** 名 許可
□ **perspective** 名 視点、見方

訳 先月Haddell Incorporatedに入社した社員は、5月23日の新入社員のための昼食会への出席を招待されている。

last month（先月）の話をしているので、過去形の(B) joinedが適切。現在完了形の(C) have joinedは、last monthのように過去の時点が規定されている文では使わない（過去から現在まで続く期間の場合は可）。

□ **invite** 動 招待する　□ **attend** 動 出席する
□ **luncheon** 名 昼食会　□ **new hire** 新入社員

訳 Wongさんは、彼が設立した会社を売却する決断についてごく手短にメディアに話した。

(A) briefly（手短に）を使うと、only briefly で「ごく手短に」という意味になり、文意に合う。空欄前にonly（ごく、ほんの）があるので、(B) smoothly（円滑に）や(D) promptly（即座に）は不適切。

□ **found** 動 設立する　□ **gradually** 副 次第に

286. ------- after getting a job at Palmotive Corporation, Mr. McGinnis became one of the company's lead designers.

(A) Ever
(B) Once
(C) Soon
(D) Upon

287. Yesterday, Oryol Industries announced that it had ------- a tire factory in Puerto Rico.

(A) acquire
(B) acquisition
(C) acquiring
(D) acquired

288. Arizona Painters purchases paints, brushes, and other ------- directly from local manufacturers.

(A) supplying
(B) supplies
(C) supplied
(D) suppliers

訳 Palmotive社で職を得た直後に、McGinnisさんは同社の主なデザイナーの一人となった。

(C) Soon（すぐに）を使うと、soon after ～で「～した直後に」となり、文意に合う。

□ **lead** 形 主な

訳 昨日Oryol Industriesは、プエルトリコのタイヤ工場を買収したと発表した。

前にhadがあるので、(D) acquiredを使い、過去完了形のhad acquired a tire factory（タイヤ工場を買収した）にする。この時制は、過去の出来事よりも前のことを表し、ここでは、発表より前に買収が行われたことを示す。

□ **acquire** 動 買収する　　□ **acquisition** 名 買収

訳 Arizona Paintersは、ペンキ、刷毛、その他の消耗品を地元の製造業者から直接購入している。

形容詞other（その他の）は、可算名詞の複数形または不可算名詞を修飾する。ここでは、複数形の(B) supplies（消耗品）が正解。other suppliesで「その他の消耗品」となり、文意にも合う。

□ **purchase** 動 購入する　　□ **directly** 副 直接に
□ **manufacturer** 名 製造業者　　□ **supply** 動 供給する
□ **supplier** 名 供給業者

289. The main entrance will be ------- next Thursday while new doors are being installed.

(A) inaccessible
(B) unaccustomed
(C) industrious
(D) irregular

290. Travel expenses, including those for meals, will be reimbursed ------- thirty days of submission of receipts.

(A) within
(B) from
(C) about
(D) between

291. A resident cat at the historic Geneve Inn is ------- featured on the hotel's Web site.

(A) frequency
(B) frequent
(C) frequents
(D) frequently

訳 来週の木曜日、新しいドアが取り付けられる間、正面玄関は利用できなくなる。

「新しいドアが取り付けられる間、正面玄関は-------である」には、(A) inaccessible (利用できない) が適切。

□ **unaccustomed** 形 不慣れな

□ **industrious** 形 勤勉な

□ **irregular** 形 不規則な

訳 食費を含む出張費用は、領収書の提出から30日以内に払い戻しされる。

空欄前に「出張費用は払い戻しされる」とあり、後ろには「領収書の提出から30日」とあるので、(A) within (〜以内に) が適切。within thirty days of submission of receipts で「領収書の提出の30日以内に」。

□ **expense** 名 費用　□ **including** 前 〜を含む

□ **reimburse** 動 払い戻す　□ **submission** 名 提出

訳 歴史的な Geneve Inn に定住している猫は、同ホテルのウェブサイトで頻繁に取り上げられている。

is featured (取り上げられている) を修飾するには、副詞の (D) frequently (頻繁に) が適切。

□ **resident** 形 定住の　□ **historic** 形 歴史的な

□ **feature** 動 取り上げる、特集する

□ **frequency** 名 頻度、周波数

□ **frequent** 形 頻繁な 動 よく行く

292. The pastry chef explained how to use the new dough mixer as well as ------- accompanying attachments.

    (A) it
    (B) its
    (C) they
    (D) them

293. The dinosaur statues at the Plymouth Museum of Natural History ------- hundreds of visitors every month.

    (A) announce
    (B) attract
    (C) proceed
    (D) renew

294. ------- no one signed up for the workshop on speech writing, the organizers had to cancel the class.

    (A) So
    (B) To
    (C) As
    (D) Just

訳 パティシエは、新しい生地ミキサーと付属品の使い方も説明した。

空欄後に accompanying attachments（付属品）があるので、所有格の its（それの）が適切。its は the new dough mixer's を意味する。

□ **pastry chef** パティシエ　□ **dough** 名 生地
□ **accompany** 動 付随する　□ **attachment** 名 付属品

訳 Plymouth Museum of Natural History の恐竜の彫像は、毎月何百人もの来訪者を惹きつけている。

主語が「Plymouth Museum of Natural History の恐竜の彫像」、目的語が「何百人もの来訪者」なので、(B) attract（惹きつける）が適切。attract hundreds of visitors で「何百人もの来訪者を惹きつけている」。

□ **dinosaur** 名 恐竜　□ **statue** 名 彫像
□ **proceed** 動 進む　□ **renew** 動 更新する

訳 スピーチ・ライティングのワークショップに誰も申し込まなかったので、主催者はそのクラスを中止しなければならなかった。

後ろに節が続くので、空欄には接続詞が必要。前半の「誰も申し込まなかった」は、後半の「主催者はそのクラスを中止しなければならなかった」の理由になっているので、(C) As（〜なので）が適切。

□ **sign up for 〜** 〜に申し込む　□ **organizer** 名 主催者

295. Organizers of the Adelaide Festival estimate that the number of people at this year's event will ------- last year's total.

(A) exceed
(B) increase
(C) target
(D) oversee

296. ------- using Cheltox Prime rust remover, be careful not to get any in your eyes or on your skin.

(A) Now
(B) As if
(C) When
(D) After all

297. Dr. Pierce asked for assistance to move several pieces of ------- equipment to the laboratory storeroom.

(A) heavy
(B) heavily
(C) heaviest
(D) heaviness

訳 Adelaide Festivalの主催者は、今年のイベント参加者数が昨年の合計を上回ると予想している。

「今年のイベント参加者数が昨年の合計を -------」には、(A) exceed（〜を上回る、超える）が適切。(B) increase（増やす）は「昨年の合計を増やす」となってしまうので、不可。

□ **organizer** 名 主催者
□ **estimate** 動 予想する、見積もる
□ **target** 動 目標にする　□ **oversee** 動 監督する

訳 Cheltox Primeさび落とし剤を使用する際は、目に入れたり肌につけたりしないように注意してください。

カンマ後がさび落とし剤使用時の注意になっているので、(C) Whenを使い、When using Cheltox Prime rust remover（Cheltox Primeさび落とし剤を使用する際は）とする。接続詞の後ろには節が続くのが基本だが、ここでは主語（you）が省略され、動詞が -ing形になっている。

□ **rust** 名 さび　□ **remover** 名 除去剤
□ **now** 接 今〜なので　□ **as if** まるで〜のように
□ **after all** 結局

訳 Pierce博士は、いくつかの重い機器を研究所の保管室に運ぶための手助けを求めた。

名詞equipment（機器）を修飾するには、形容詞の(A) heavy（重い）が適切。最上級の(C) heaviest（最も重い）は、前に定冠詞 the が必要。

□ **ask for 〜** 〜を求める　□ **assistance** 名 手助け
□ **laboratory** 名 研究所、実験室（略 lab）

100

298. Integral Appliances has for years promoted environmentally friendly ------- across its entire supply chain.

(A) summaries
(B) practices
(C) statuses
(D) purposes

299. Some businesses have opted to purchase office spaces in the Fenway Building ------- leasing them.

(A) except
(B) which
(C) instead of
(D) according to

300. The Earthink Company is creating state-of-the-art buildings that ------- sustainable design principles.

(A) incorporate
(B) specialize
(C) conform
(D) associate

訳 Integral Appliances では、供給プロセス全体で、長年に渡り環境にやさしい活動を推進してきている。

has for years promoted（長年に渡り推進してきている）の目的語には、(B) practices（活動）が適切。environmentally friendly practices で「環境にやさしい活動」。

□ **promote** 動 推進する　□ **supply** 名 供給
□ **summary** 名 要約　□ **status** 名 地位

訳 一部の企業は、Fenway Building の事務所スペースを借りる代わりに購入することを選択した。

前の「事務所スペースを購入することを選択した」と後ろの leasing them（それらを借りる）とつなげて意味が通るのは、(C) instead of（〜の代わりに）。

□ **opt to 〜** 〜することを選ぶ　□ **lease** 動 借りる、貸す
□ **except** 前 〜以外に、〜を除いて
□ **according to 〜** 〜によれば

訳 Earthink Company は、持続可能なデザイン原理を取り入れた最先端の建物を建造している。

空欄前の that は関係代名詞で、前の state-of-the-art buildings を先行詞として取り、that 節の主語として機能する。空欄後の sustainable design principles（持続可能なデザイン原理）を目的語に取るのに適切な動詞は、(A) incorporate（取り入れる）。

□ **state-of-the-art** 形 最先端の
□ **sustainable** 形 持続可能な
□ **principle** 名 原理、原則　□ **specialize** 動 専門化する
□ **conform** 動 一致させる　□ **associate** 動 関連付ける

Set 11

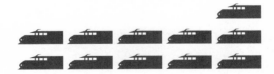

間違えた問題はもちろん、正解の理由が明確になっていない問題は、自分でしっかり根拠を示せるまで学習しましょう。スコアアップは、しっかりした復習から生まれます。

　1周、2周、3周…と、自分で納得するまで続けましょう。トレーニングは裏切りません。

Set 11	実 施 日	正 答 数
1回目	月　　日	／30問
2回目	月　　日	／30問
3回目	月　　日	／30問
4回目	月　　日	／30問
5回目	月　　日	／30問

301. Mr. Fayez was well ------- to answer questions about his experience working as a diesel mechanic in Tunisia.

(A) prepare
(B) prepares
(C) prepared
(D) preparation

302. The Horseshoe Restaurant is renowned for its dishes featuring seafood caught ------- using traditional methods.

(A) imminently
(B) nearly
(C) relatively
(D) locally

303. After her assistant revised the travel itinerary, Ms. Walsh received the ------- version by e-mail.

(A) update
(B) updates
(C) updating
(D) updated

訳 Fayezさんは、チュニジアでディーゼルエンジンの整備士として働いた経験に関する質問に答える準備が十分にできていた。

be prepared to ～で「～する準備ができている」という意味になるので、(C) preparedが適切。ここでは副詞well (十分に) があるので、「～する準備が十分にできている」という意味になる。

□ **mechanic** 名 整備士　□ **prepare** 動 準備をする
□ **preparation** 名 準備

訳 Horseshoe Restaurantは、伝統的な漁法を使い地元で獲られたシーフードを使った料理で有名である。

前の過去分詞caught (獲られた) を修飾する副詞として、「伝統的な漁法を使い獲られたシーフードを使った料理で有名である」という文意に合うのは、(D) locally (地元で)。

□ **renowned** 形 有名な　□ **feature** 動 使う
□ **traditional** 形 伝統的な　□ **imminently** 副 切迫して
□ **nearly** 副 ほぼ　□ **relatively** 副 比較的に

訳 Walshさんは、アシスタントが旅行日程を修正した後、最新版をEメールで受け取った。

名詞version (版) を修飾するには、形容詞の (D) updated (更新された) が適切。updated versionで「更新された版＝最新版」。(C) updatingは、「更新の、更新する」という意味なので、文意に合わない。

□ **revise** 動 見直す、訂正する　□ **itinerary** 名 旅程
□ **receive** 動 受け取る
□ **update** 動 更新する　名 最新情報

304. Mr. Isaak was unable to meet his client until late in the afternoon ------- a flight delay.

(A) because of
(B) in order for
(C) as a result
(D) in effect

305. Customers are ------- to contact our accounting department directly if they have a question about an invoice.

(A) encourages
(B) encouraging
(C) encouraged
(D) encouragement

306. Tickets for the Spirit Ferry must be purchased at least fifteen minutes ------- departure on Saturdays and Sundays.

(A) prior to
(B) apart from
(C) owing to
(D) inside of

304. 正解 (A) because of　前置詞 vs. 接続詞

訳 飛行便の遅延のため、Isaak さんは午後の遅い時間まで顧客と会うことができなかった。

(A) because ofを使うと、because of a flight delay (飛行便の遅延のため) が前半の「顧客と会うことができなかった」の理由を表す形となり、意味が通る。(B) in order for (〜のために) は目的を示す。(C) as a result (結果的に) は、ofを伴ったas a result of (〜の結果として) であれば、この文に合う。

□ **unable to 〜**　〜することができない
□ **in effect**　事実上、実際には

305. 正解 (C) encouraged　品詞／態

訳 顧客は、請求書について質問がある時は直接当社の経理部に連絡するよう勧められている。

(C) encouragedを使うと、are encouraged to contact (連絡するよう勧められている) となり、意味が通る。(B) encouragingは「励みになる、希望を与える」という意味の形容詞なので、文意に合わない。

□ **accounting department**　経理部
□ **invoice** 名 請求書　□ **encourage** 動 勧める、励ます
□ **encouragement** 名 励み

306. 正解 (A) prior to　語法

訳 Spirit Ferryのチケットは、土曜日と日曜日は少なくとも出航の15分前には購入されていなければならない。

(A) prior toは「〜の前」。これを使い、fifteen minutes prior to departure (出航の15分前) とすると、空欄前の「Spirit Ferryのチケットは購入されていなければならない」と上手くつながる。

□ **departure** 名 出発　□ **apart from 〜**　〜は別として
□ **owing to 〜**　〜のため　□ **inside of 〜**　〜以内で

307. Hillman-Fleisher is not only the oldest but also the ------- public relations firm in Hong Kong.

(A) large
(B) larger
(C) largest
(D) largely

308. In his article, Dr. Schwartz ------- a claim by another nutrition researcher that caffeine has a positive effect on memory.

(A) appeared
(B) refuted
(C) agreed
(D) remarked

309. The new Grillmate barbecues from Titania Company are both user friendly ------- easy to maintain.

(A) or
(B) and
(C) also
(D) either

307. 正解 (C) largest　比較

訳 Hillman-Fleisherは、香港で最も古いだけでなく、最も大きい広報会社でもある。

not only A but also B で「AだけでなくBも」の意味。ここでは、Aの部分に最上級の the oldest（最も古い）があるので、(C)を使い、最上級の the largest（最も大きい）の形にする。
- □ **public relations firm** 広報会社
- □ **largely** 副 大部分は

308. 正解 (B) refuted　語彙

訳 Schwartz博士は論文で、カフェインが記憶力に良い影響を与えるという他の栄養学研究者の主張に異議を唱えた。

空欄後の「カフェインが記憶力に良い影響を与えるという他の栄養学者の主張」を目的語として取る動詞として、(B) refuted（異議を唱えた）が適切。(C) agreed（同意した）は自動詞なのでwithが必要。
- □ **claim** 名 主張　□ **nutrition** 名 栄養学
- □ **positive** 形 良い　□ **effect** 名 影響
- □ **appear** 動 現れる　□ **remark** 動 述べる

309. 正解 (B) and　語法

訳 Titania Companyの新しいGrillmateバーベキューセットは、使いやすく、手入れも簡単である。

前にbothがあるので、(B) andを使って、both A and B (A もBも) の形にする。ここでは、Aが user friendly（使いやすい）、Bが easy to maintain（手入れが簡単な）に対応する。
- □ **barbecue** 名 バーベキューセット
- □ **maintain** 動 手入れをする

104

310. At Intelchip, we ------- invest in research
and development in order to stay ahead of
our competitors.

(A) continue
(B) continued
(C) continuing
(D) continually

311. Tempo Systems, one of the -------
technology companies in New Zealand,
has relocated its headquarters to Dunedin.

(A) occupied
(B) leading
(C) approximate
(D) deliberate

312. Mr. Steven's promotion to senior account
manager ------- no surprise to any of his
colleagues.

(A) came as
(B) made out
(C) took up
(D) reached for

訳 Intelchip では、ライバル会社の常に先を行くために、絶えず研究開発に投資している。

動詞 invest（投資する）を修飾するには、副詞の (D) continually（絶えず）が適切。

☐ **invest** 動 投資する
☐ **stay ahead of ～** ～の常に先を行く
☐ **competitor** 名 競争相手、ライバル会社

訳 ニュージーランドの主要なテクノロジー企業のひとつである Tempo Systems は、本社を Dunedin に移転させた。

technology companies（テクノロジー企業）を修飾する形容詞として、(B) leading（主要な）が適切。one of the leading technology companies で「主要なテクノロジー企業のひとつ」。

☐ **relocate** 動 移転させる　☐ **headquarters** 名 本社
☐ **occupied** 形 入っている
☐ **approximate** 形 おおよその
☐ **deliberate** 形 意図的な

訳 Steven さんの上級顧客担当部長への昇進は、同僚の誰にとっても驚くことではなかった。

A come as no surprise to B で「A は B にとって驚くことではない」の意味になるので、(A) came as が正解。

☐ **promotion** 名 昇進　☐ **senior** 形（役職が）上位の
☐ **account** 名 顧客、取引先　☐ **colleague** 名 同僚
☐ **make out ～** ～を識別する
☐ **take up ～** ～を引き受ける
☐ **reach for ～** ～に手を伸ばす

313. The Camden Library now has sliding bookcases that can be ------- moved from side to side.

(A) frankly
(B) manually
(C) inadvertently
(D) lastly

314. The assessment will ------- as soon as the inspector replaces the batteries in her portable food analyzer.

(A) resume
(B) examine
(C) conduct
(D) complete

315. Dynatrend, Inc., is offering financial incentives to sales representatives ------- achieve their annual sales quotas.

(A) who
(B) whose
(C) when
(D) what

訳 Camden Libraryは現在、手動で左右に動かせるスライド式書棚を備えている。

空欄前後の be moved from side to side (左右に動かせる) を修飾する副詞として、文意に合うのは(B) manually (手動で)。

□ **sliding bookcase** スライド式書棚
□ **from side to side** 左右に　□ **frankly** 副 率直に
□ **inadvertently** 副 不注意に　□ **lastly** 副 最後に

訳 検査官がポータブル食品分析器の電池を交換し次第、評価は再開する。

「検査官が電池を交換し次第、評価は-------」という文意に合うのは、(A) resume (再開する)。resumeはここでは自動詞だが、他動詞にもなる。それ以外の選択肢は、他動詞なので後ろに目的語が必要。

□ **assessment** 名 評価　□ **inspector** 名 検査官
□ **replace** 動 交換する　□ **analyzer** 名 分析器
□ **examine** 動 検査する　□ **conduct** 動 行う
□ **complete** 動 完成させる　形 完全な

訳 Dynatrend社は、年度販売ノルマを達成した営業担当者に報奨金を出している。

前に人を表すsales representatives (営業担当者) があるので、人を受ける関係代名詞(A) whoが正解。後ろに続くachieve their annual sales quotas (年度販売ノルマを達成する) の主語となる。

□ **financial** 形 金銭の　□ **incentive** 名 報奨
□ **achieve** 動 達成する　□ **sales quota** 販売ノルマ

316. Sonarb Corporation is cutting back on its marketing expenses in an ------- to reduce costs.

(A) outcome
(B) effort
(C) account
(D) advice

317. ------- the new office layout was finalized, staff members started rearranging desks and cabinets.

(A) Before
(B) Without
(C) Unlike
(D) Upon

318. For over fifty years, the Bronwyn Shop ------- custom signs for businesses in a variety of industries.

(A) is creating
(B) has been created
(C) has been creating
(D) will have been created

訳 Sonarb Corporationは、経費を削減するため、広告費を減らしている。

in an effort to 〜で「〜する努力の一環として＝〜するため」の意味になるので、(B) effort（努力）が正解。

□ **cut back on 〜**　〜を減らす　□ **expense** 名 費用
□ **reduce** 動 削減する　□ **outcome** 名 結果
□ **account** 名 口座

訳 オフィスの新しい配置が確定される前に、社員はいくつかの机とキャビネットの配置を変え始めた。

後ろに節が続くので、空欄には接続詞の (A) Before（〜する前に）が適切。「新しい配置が確定される前に配置を変え始めた」となり、意味も通る。

□ **layout** 名 配置　□ **finalize** 動 確定させる
□ **rearrange** 動 配置を変える　□ **without** 前 〜なしで
□ **unlike** 前 〜とは異なり
□ **upon** 前 〜の上に、〜があり次第

訳 50年以上もの間、Bronwyn Shopはさまざまな業界の企業へ特別注文の看板を制作している。

For over fifty years（50年以上もの間）があるので、現在完了進行形の (C) has been creating（制作している）が適切。主語のBronwyn Shopが看板を「制作している」ので、能動態になる。

□ **custom** 形 特別注文の　□ **sign** 名 看板
□ **business** 名 企業　□ **a variety of 〜**　さまざまな〜
□ **industry** 名 業種、産業

319. The laboratory's backup generator is essential for keeping samples refrigerated in the event of a power -------.

(A) fail
(B) fails
(C) failing
(D) failure

320. Ms. Walker has been put in charge of ------- presentations for prospective customers.

(A) organize
(B) organizing
(C) organizes
(D) organization

321. After the interior design workshop, the attendees had the opportunity to meet ------- and share their ideas.

(A) so far
(B) in case
(C) their own
(D) one another

319. 正解 (D) failure　品詞

訳 研究所の補助発電機は、停電の際にサンプルを保冷するために不可欠である。

power failure で「停電」の意味になるので、(D) failure が正解。in the event of a power failure で「停電の際に」。

□ **laboratory** 名 研究所、実験室（略 lab）
□ **backup** 形 予備の　□ **generator** 名 発電機
□ **essential** 形 不可欠な　□ **refrigerate** 動 冷却する
□ **in the event of** 〜　〜の際の　□ **fail** 動 機能しなくなる

320. 正解 (B) organizing　品詞／動詞の形

訳 Walker さんは、見込み客に対するプレゼンの準備をすることを任されている。

空欄前に前置詞 of があるので、名詞に相当する語が必要。また、後ろに presentations（プレゼン）が続いている。動名詞の (B) organizing（準備する）は、of の後ろに来ることができ、かつ presentations を目的語として取ることができる。

□ **put in charge of** 〜　〜を任せる
□ **prospective** 形 見込みのある
□ **organize** 動 準備する　□ **organization** 名 組織

321. 正解 (D) one another　語法

訳 インテリアデザインのワークショップの後、参加者は互いに会って考えを共有する機会を得た。

meet one another で「互いに会う」の意味になるので、(D) one another（互いに）が正解。

□ **attendee** 名 参加者　□ **opportunity** 名 機会
□ **share** 動 共有する　□ **so far** それまで
□ **in case** 〜　〜の場合に

322. Atelsco subscribers may experience a brief ------- in Internet service on August 12 while the company upgrades its equipment.

(A) interruptive
(B) interrupted
(C) interrupting
(D) interruption

323. The directors of Wyncote Corporation are scheduled ------- on Friday to discuss the independent audit.

(A) meet
(B) meeting
(C) to meet
(D) met

324. During the summer tourist season, booking accommodations on Galuba Island in advance of your arrival is highly -------.

(A) recommendation
(B) recommended
(C) recommending
(D) recommends

訳 Atelsco の契約者は、8月12日に、同社が機器のアップグレードを行う間、インターネットサービスの短時間中断を受ける可能性がある。

空欄前は形容詞 brief（短時間の）、後ろは前置詞 in なので、空欄には名詞の (D) interruption（中断）が適切。a brief interruption で「短時間の中断」。

□ **subscriber** 名 契約者、加入者
□ **experience** 動 受ける
□ **interruptive** 形 中断させるような
□ **interrupt** 動 中断する

訳 Wyncote Corporation の役員は、独立監査について話し合うために金曜日に会合を持つ予定になっている。

be scheduled to ～で「～する予定になっている」の意味になるので、(C) to meet が適切。

□ **independent** 形 独立した　□ **audit** 名 監査

訳 夏の観光シーズン中は、ご到着前に Galuba Island での宿泊施設を予約しておくことを強くお勧めします。

主語が booking accommodations（宿泊施設を予約しておくこと）なので、(B) を使い、is highly recommended（強く勧められる）という受動態の形にする。

□ **accommodation** 名 宿泊施設（アメリカ英語では通常 accommodations）
□ **in advance of ～** ～の前に　□ **arrival** 名 到着
□ **recommendation** 名 推薦　□ **recommend** 動 勧める

325. Although Ms. Murray was hired by Gleeson Retail only last year, she is ------- a manager in its accounting division.

(A) later
(B) once
(C) even
(D) already

326. Tenants are required to pay for their own utilities ------- their rental contract states otherwise.

(A) so that
(B) unless
(C) whereas
(D) only

327. Mr. Flannigan will cooperate ------- the logistics department to plot a new shipping route from Santos to Antwerp.

(A) with
(B) over
(C) onto
(D) about

訳 Murray さんは、Gleeson Retail に昨年雇用されたばかりだが、すでに経理部の部長である。

カンマ前後の関係を考えて、「昨年雇用されたばかりだが、すでに部長である」の意味になる、(D) already（すでに）を選ぶ。

□ **accounting** 名 経理、会計
□ **division** 名 部（= department）
□ **later** 副 後で

訳 賃貸契約書に特に記載がない限り、テナントは自らの公共料金を支払うことが求められている。

(B) unless は otherwise と共に用いられると、「そうでない場合を除き」の意味になる。ここでは、unless their rental contract states otherwise が「賃貸契約書に明記されている場合を除き＝特に記載がない限り」という意味になる。

□ **utility** 名 （通常複数形 utilities で）公共料金
□ **rental** 形 賃貸の　□ **state** 動 明記する
□ **otherwise** 副 そうでなければ
□ **so that 〜** 〜できるように
□ **whereas** 接 〜であるのに対して

訳 Flannigan さんは、Santos から Antwerp への新しい輸送ルートを決めるために、物流部と協力する。

前に cooperate（協力する）、後ろに logistics department（物流部）があるので、(A) with が適切。cooperate with 〜で「〜と協力する」。

□ **logistics** 名 物流　□ **plot** 動 決める

328. The superintendent will provide the staff with ------- instructions on how to use the carpet cleaner.

(A) detail
(B) details
(C) detailed
(D) detailing

329. Many students of the Loriga Institute find employment at aerospace manufacturers ------- after graduating.

(A) partially
(B) significantly
(C) enormously
(D) immediately

330. Accentric reduced its paper consumption by half at its headquarters and ------- to do the same at its branches.

(A) intend
(B) intends
(C) intending
(D) intention

328. 正解 (C) detailed　品詞

訳 管理人は、スタッフにカーペット清掃機の使用方法に関する詳しい指示を与える。

名詞 instructions（指示）を修飾するには、形容詞の (C) detailed（詳しい）が適切。(D) detailing が名詞を修飾する場合、目的語を伴い、名詞の後ろに来る。**例** instructions detailing how to use the carpet cleaner（カーペット清掃機の使用方法を詳しく説明する指示）

□ **superintendent** 名 管理人　□ **cleaner** 名 清掃機器
□ **detail** 名 詳細 動 詳しく述べる

329. 正解 (D) immediately　語彙

訳 Loriga Institute の多くの学生は、卒業後すぐに航空宇宙メーカーで職を得ている。

前の「多くの学生は、航空宇宙メーカーで職を得ている」とのつながりから、(D) immediately（すぐに）を使い、immediately after graduating（卒業後すぐに）とする。find employment at 〜は「〜で職を得る」。

□ **aerospace** 名 航空宇宙　□ **manufacturer** 名 メーカー
□ **partially** 副 部分的に　□ **significantly** 副 大いに、著しく　□ **enormously** 副 非常に、膨大に

330. 正解 (B) intends　品詞

訳 Accentric は、本社で紙の消費を半分に削減しており、支店でも同様の取り組みを行う予定である。

空欄には、主語 Accentric に対応した動詞が求められているので、3 人称単数現在形の (B) intends が適切。intend to 〜で「〜する予定である」。

□ **reduce** 動 削減する　□ **consumption** 名 消費
□ **by half** 半分に　□ **intention** 名 意図、目的

Set 12

間違えた問題はもちろん、正解の理由が明確になっていない問題は、自分でしっかり根拠を示せるまで学習しましょう。スコアアップは、しっかりした復習から生まれます。

　1周、2周、3周…と、自分で納得するまで続けましょう。トレーニングは裏切りません。

Set 12	実 施 日		正 答 数
1回目	月	日	／30問
2回目	月	日	／30問
3回目	月	日	／30問
4回目	月	日	／30問
5回目	月	日	／30問

331. Cabo Adventure Travel will not provide refunds ------- any reservations cancelled less than 24 hours prior to the tour.

(A) in
(B) from
(C) about
(D) for

332. The project manager estimates that the ------- construction of the auditorium will be completed by February.

(A) remain
(B) remained
(C) remaining
(D) remainder

333. Dachia Pharmaceuticals suspended production of Glazorapan while the results of its recent study were -------.

(A) analytical
(B) analyzing
(C) analyzed
(D) analysts

正解 (D) for　前置詞

訳 Cabo Adventure Travel は、ツアーの前24時間以内にキャンセルされた予約に対して、払い戻しをしない。

前に will not provide refunds (払い戻しをしない)、後ろに any reservations (予約) があるので、(D) for (〜に対して) が適切。

□ **refund** 名 払戻金、返金　□ **prior to** 〜 〜の前

---

332. 正解 (C) remaining　品詞

訳 プロジェクトマネージャーは、公会堂の残りの建設工事が2月までに終わると見積もっている。

名詞 construction (建設工事) を修飾するには、形容詞の (C) remaining (残りの) が適切。

□ **estimate** 動 見積もる
□ **auditorium** 名 公会堂、講堂
□ **complete** 動 終える
□ **remain** 動 残る、〜のままでいる
□ **remainder** 名 残り

---

333. 正解 (C) analyzed　品詞／態

訳 Dachia Pharmaceuticals は、最近の研究結果が分析されている間、Glazorapan の生産を中断した。

while に続く節の主語は、the results of its recent study (最近の研究結果)。結果は「分析される」ものなので、受動態を作る (C) analyzed が適切。

□ **suspend** 動 中断する　□ **production** 名 生産
□ **analytical** 形 分析的な
□ **analyst** 名 アナリスト、専門家

334. Companies should ------- review their tax records to determine whether any of the data could be misinterpreted.

(A) healthily
(B) nearly
(C) virtually
(D) carefully

335. Alden Treasures offers an ------- collection of antiques for sale such as furniture, toys, and ceramics.

(A) extensive
(B) enthusiastic
(C) automatic
(D) abridged

336. When Deckers Apparel opened a shop on Fifth Avenue, consumers started showing more ------- in the fashion retailer.

(A) interest
(B) interested
(C) interesting
(D) interestingly

訳　企業は、いかなるデータも間違って解釈される可能性がないかどうか見極めるため、納税記録を注意深く見直すべきである。

動詞 review（見直す）を修飾する副詞として、(D) carefully（注意深く）が適切。

□ **determine** 動 見極める　□ **whether** 接 〜かどうか

□ **misinterpret** 動 間違って解釈する

□ **healthily** 副 健康的に　□ **nearly** 副 ほぼ、〜近く

□ **virtually** 副 事実上、実質的には

訳　Alden Treasures は、家具、玩具、陶器などの膨大なアンティークのコレクションを売りに出している。

collection of antiques（アンティークのコレクション）を修飾する形容詞として、(A) extensive（膨大な）が適切。offer 〜 for sale は「〜を売り出す」。

□ **ceramic** 名 陶器　□ **enthusiastic** 形 熱心な

□ **automatic** 形 自動の

□ **abridged** 形 要約された、簡略化された

訳　Deckers Apparel が Fifth Avenue に店を出した時、消費者はこのファッション小売業者にさらに興味を示し始めた。

前の more とセットで、動詞 show（示す）の目的語として機能するのは、名詞の (A) interest（興味）。

□ **consumer** 名 消費者　□ **retailer** 名 小売業者

□ **interested** 形 興味のある　□ **interesting** 形 興味深い

□ **interestingly** 副 興味深く

337. At Skyeast Airways, we believe that customer satisfaction is an important ------- of the overall quality of our services.

(A) inspector
(B) monitor
(C) indicator
(D) contractor

338. Wesco Supply is the only ------- of Asghar sewing machines in the United Kingdom.

(A) distributor
(B) distributed
(C) distributing
(D) distribution

339. Analysts ------- with the hydropower industry predict that investment will increase by 240 percent over the next five years.

(A) concluded
(B) known
(C) comparable
(D) familiar

訳 Skyeast Airways では、顧客満足度がサービス全体の質を示す重要な指標であると考えている。

an important ------- of the overall quality of our services（サービス全体の質を示す重要な -------）には、(C) indicator（指標）が適切。

□ **satisfaction** 名 満足　□ **overall** 形 全体の
□ **inspector** 名 検査官　□ **contractor** 名 請負業者

訳 Wesco Supply は、イギリスで唯一のAsgharミシンの販売業者である。

前に the only（唯一の）、後ろに前置詞ofがあるので、空欄には名詞が入る。文意を考え、(A) distributor（販売業者）を選ぶ。(D) distribution（流通）も名詞だが、意味が通らない。

□ **sewing machine** ミシン
□ **distribute** 動 配布する、販売する

訳 水力発電業界に詳しいアナリストたちは、今後5年間で投資が240パーセント増加すると予測している。

familiar with 〜で「〜に詳しい」の意味なので、(D) familiar を使い、familiar with the hydropower industry（水力発電業界に詳しい）とし、Analystsを後ろから修飾する形を作る（Analysts who are familiar with the hydropower industryの意）。

□ **hydropower** 名 水力発電　□ **industry** 名 業界
□ **predict** 動 予測する　□ **investment** 名 投資
□ **conclude** 動 結論する　□ **known** 形 知られている
□ **comparable** 形 同等の、比較できる

340. Kribal Wiring's effective cost-cutting measures have been ------- by other companies in the industry.

(A) adopted
(B) inserted
(C) attracted
(D) committed

341. As the position requires strong Portuguese language skills, ------- candidates who are fluent in the language will be considered.

(A) except
(B) only
(C) unless
(D) instead

342. Wheat production in the region will rise ------- if demand continues to grow.

(A) capably
(B) steadily
(C) rigidly
(D) willingly

340. 正解 (A) adopted　語彙

訳 Kribal Wiringの効果的な経費削減策が同業他社に採用されている。

「経費削減策が同業他社に ------- されている」という文意に合うのは、(A) adopted (採用された)。

□ **effective** 形 効果的な　□ **cost-cutting** 形 経費削減の
□ **measure** 名 方策　□ **industry** 名 業界
□ **insert** 動 挿入する　□ **attract** 動 惹きつける
□ **commit** 動 全力を傾ける

341. 正解 (B) only　語法

訳 その職は高いポルトガル語の能力が要求されているので、その言語に堪能な候補者のみが検討される。

前半は「その職は高いポルトガル語の能力が要求されているので」、後半は「その言語に堪能な候補者が検討される」となっているので、「候補者のみが検討される」となる(B) only (〜のみ) が適切。

□ **candidate** 名 候補者　□ **fluent** 形 堪能な
□ **except** 前 〜を除いて　□ **unless** 接 〜でない限り
□ **instead** 副 代わりに

342. 正解 (B) steadily　語彙

訳 もし需要が伸び続けるなら、その地域の小麦生産量は着実に増えるだろう。

動詞rise (増える) を修飾する副詞として、(B) steadily (着実に) が適切。

□ **wheat** 名 小麦　□ **production** 名 生産量
□ **capably** 副 上手く　□ **rigidly** 副 固く
□ **willingly** 副 喜んで

272

343. The central bank will likely ------- to the slowdown in home sales by lowering interest rates.

(A) response
(B) respond
(C) responding
(D) responsive

344. Due to a fallen tree brought down by yesterday's strong winds, the parking lot of Hinton Gifts is ------- inaccessible.

(A) specifically
(B) usually
(C) punctually
(D) currently

345. ------- agrees to help out at the company's charity golf tournament this weekend will receive a free T-shirt.

(A) Each
(B) Other
(C) Whoever
(D) Anyone

訳 中央銀行は、おそらく金利を引き下げることで住宅販売の低迷に対応するだろう。

助動詞willの後ろには、動詞の原形が続くので、(B) respond (対応する) が正解 (likelyは副詞なので無視して考える)。
□ **likely** 副 おそらく　□ **slowdown** 名 低迷、後退
□ **lower** 動 下げる　□ **interest rate** 金利
□ **response** 名 応答、対応　□ **responsive** 形 反応が早い

訳 昨日の強風による倒木のため、Hinton Giftsの駐車場は現在利用できません。

「昨日の強風による倒木のため、駐車場は利用できない」という文意から、(D) currently (現在) が適切。currently inaccessibleで「現在利用できない」。
□ **fallen tree** 倒木　□ **bring down** 倒す
□ **inaccessible** 形 到達できない、利用できない
□ **specifically** 副 特に、具体的に言えば
□ **punctually** 副 時間どおりに

訳 今週末の会社のチャリティーゴルフトーナメントを手伝うことに同意する人は誰でも無料のTシャツがもらえます。

空欄後にagrees to help out (手伝うことに同意する) と続いているので、「〜するのは誰でも」を意味する (C) Whoeverが適切。Whoever agrees to help outで「手伝うことに同意する人は誰でも」。(D) Anyone (誰でも) は、anyone whoでwhoeverと同じ働きをするが、この文では空欄後にwhoがないので不可。

□ **help out** 手伝う　□ **tournament** 名 トーナメント

346. Since the security camera above the store's entrance has been malfunctioning, it has to be ------- immediately.

(A) worked
(B) coordinated
(C) authorized
(D) replaced

347. Sidewalk construction will be completed on both sides of Chipmunk Avenue ------- next month.

(A) whenever
(B) awhile
(C) for a moment
(D) sometime

348. Unfavorable weather across the region in August resulted in a ------- decline in the number of visitors this summer.

(A) signify
(B) significant
(C) significantly
(D) significance

訳 店の入り口の上の防犯カメラは、正常に機能していないので、早急に交換される必要がある。

カンマ前で「防犯カメラは、正常に機能していないので」と後ろに続く部分の理由を示しているので、「早急に ------- される必要がある」には、(D) replaced (交換される) が適切。カンマ後のitはthe security camera (防犯カメラ) を指している。

□ **malfunction** 動 正常に機能しない
□ **immediately** 副 早急に　□ **coordinate** 動 調整する
□ **authorize** 動 権限を与える、許可する

訳 歩道建設は、来月中にはChipmunk Avenueの両側で完了する。

後ろに next month (来月) があるので、(D) sometimeを使い、sometime next month (来月のいつか、来月中) とする。

□ **sidewalk** 名 歩道　□ **construction** 名 建設
□ **complete** 動 完成させる
□ **whenever** 接 〜するときはいつも
□ **awhile** 副 しばらくの間
□ **for a moment** 少しの間

訳 8月の地域全体での好ましくない天候は、この夏の観光客数の著しい減少を招いた。

名詞decline (減少) を修飾する語として、形容詞の(B) significant (著しい) が適切。

□ **unfavorable** 形 好ましくない
□ **result in** 〜 〜をもたらす、招く
□ **signify** 動 意味する
□ **significantly** 副 著しく　□ **significance** 名 重要性

349. A reporter for the *Stockport Tribune* will interview those ------- in organizing the Carlespark Festival.

(A) involving
(B) involved
(C) involves
(D) involvement

350. The temperature in the oven increases rapidly at first but then more -------.

(A) narrowly
(B) obviously
(C) gradually
(D) similarly

351. Over the past few weeks, Laredo Shipping has been implementing ------- to improve nighttime security at its storage facility.

(A) measures
(B) measured
(C) measuring
(D) measurement

349. 正解 (B) involved 品詞

訳 *Stockport Tribune* の記者は、Carlespark Festival の企画に関わった人にインタビューをする。

be involved in ～で「～に関わる」の意味になるので、(B) involved が正解。those involved in organizing は、those people who are involved in organizing（企画に関わった人）の省略形。

□ **organize** 動 企画する　□ **involvement** 名 関与

350. 正解 (C) gradually 語彙

訳 オーブンの温度は最初急激に上がるが、その後、よりゆるやかになる。

オーブンの温度変化について述べており、前半の increases rapidly at first（最初急激に上がる）の後ろに but があるので、rapidly（急激に）と対比をなす (C) gradually（ゆるやかに）が正解。

□ **narrowly** 副 狭く　□ **obviously** 副 明白に
□ **similarly** 副 同様に

351. 正解 (A) measures 品詞

訳 過去数週間にわたり、Laredo Shipping は保管施設での夜間警備を強化するための措置を実施してきている。

動詞 implement（実施する）の目的語となり、後ろの to improve nighttime security at its storage facility（保管施設での夜間警備を強化するための）が修飾する語として、名詞の (A) measures（措置）が適切。(D) measurement（測定、測定値）も名詞だが、文意に合わない。

□ **security** 名 警備　□ **storage** 名 保管
□ **facility** 名 施設　□ **measure** 動 測定する

352. ------- about articles published in the *Lockeport Review* should be sent directly to the editor.

(A) Inquiries
(B) Functions
(C) Versions
(D) Properties

353. By this time next week, Ms. Kaufman ------- over a dozen musicians.

(A) will have auditioned
(B) has auditioned
(C) auditioning
(D) is auditioned

354. Paige Stationery will ------- the delivery fee if you order more than $50 worth of supplies.

(A) entitle
(B) prevent
(C) waive
(D) exempt

訳 *Lockeport Review* に掲載された記事に関するお問い合わせは、編集者に直接お送りください。

「*Lockeport Review* に掲載された記事に関する ------- は編集者に直接お送りください」の文意に合うのは、(A) Inquiries（問い合わせ）。

□ **publish** 動 掲載する　□ **directly** 副 直接
□ **editor** 名 編集者
□ **function** 名 機能　□ **version** 名 版
□ **property** 名 財産、不動産物件

訳 来週の今頃までにKaufmanさんは、12人以上のミュージシャンをオーディションしている。

By this time next week（来週の今頃までに）は未来の時点を示しているので、未来完了形の(A) will have auditioned が適切。「来週の今頃までにオーディションを終えている」という意味になる。

□ **audition** 動 オーディションする　□ **dozen** 形 12の

訳 50ドル相当以上の事務用品を注文すると、Paige Stationeryは配送料を免除します。

if以下が「50ドル相当以上の事務用品を注文する」となっているので、「配送料を免除する」の意味になる(C) waive（免除する）が適切。(D) exemptは「人や組織を義務などから免除する」の意味なので、目的語には人や組織が必要。exempt you from the delivery fee であれば可。

□ **A worth of B** Aに相当するB、Aの価値があるB
□ **entitle** 動 権利を与える　□ **prevent** 動 妨げる

355. As ------- in the agreement, access to the online archive might at times be temporarily unavailable.

(A) stating
(B) stated
(C) state
(D) to state

356. In addition to developing nutritional supplements, Naturapo Corp is ------- expanding its line of skincare products.

(A) also
(B) both
(C) plus
(D) besides

357. Kwayso Textiles ships orders from its warehouses in Mexico, Turkey, ------- Indonesia depending on the recipient's location.

(A) that
(B) but
(C) or
(D) as

訳 規約に明示されているように、オンラインアーカイブへのアクセスは時折、一時的に利用できなくなる場合があります。

(B) statedを使い、As stated in the agreementとすると「規約に明示されているように」の意味になり、カンマ後の「オンラインアーカイブへのアクセスは時折、一時的に利用できなくなる」と上手くつながる。As stated in 〜はAs it is stated in 〜のit is が省略された形。

□ **agreement** 名 規約　□ **at times** 時折
□ **temporarily** 副 一時的に
□ **unavailable** 形 利用できない　□ **state** 動 明示する

訳 栄養補助食品を開発することに加えて、Naturapo Corpではスキンケア用品の製品ラインの拡張もしている。

前半の「新しい栄養補助食品を開発することに加えて」から、is expandingを修飾し、「拡張もしている」の意味になる、(A) alsoが適切。

□ **in addition to** 〜　〜に加えて　□ **develop** 動 開発する
□ **nutritional supplement** 栄養補助食品
□ **expand** 動 拡張する　□ **line** 名 製品ライン
□ **skincare** 名 スキンケア
□ **plus** 副 その上　□ **besides** 副 その上

訳 Kwayso Textilesは、受取人の場所に応じてメキシコ、トルコ、またはインドネシアの倉庫から注文品を発送する。

「メキシコ、トルコ、------- インドネシアの倉庫から注文品を発送する」には、(C) or (または) が適切。

□ **depending on** 〜　〜に応じて　□ **recipient** 名 受取人

358. Ms. Rowe must ------- the report to Mr. Nelsen by noon so that he can read it before the meeting.

(A) be sent
(B) send
(C) to send
(D) sending

359. Steel manufacturers in Ukraine are experiencing increases in sales ------- growth in Europe's transport sector.

(A) in order to
(B) apart from
(C) in case of
(D) owing to

360. Kellwood Tiles, ------- today reported strong first-quarter earnings, will start operating a second factory in September.

(A) when
(B) which
(C) whose
(D) whatever

訳 Roweさんは、Nelsenさんが会議の前に読めるように、正午までに報告書を送らなくてはならない。

前に助動詞mustがあるので、空欄には動詞の原形が必要。また、空欄後の the report（報告書）は Rowe さんが「送る」ものなので、能動態の (B) send が適切。

□ **by noon** 正午までに　□ **so that** 〜　〜できるように

訳 ヨーロッパの輸送部門の成長のおかげで、ウクライナの鋼鉄メーカーは売上げが増加している。

後ろの「ヨーロッパの輸送部門の成長」が、前の「ウクライナの鋼鉄メーカーは売上げが増加している」ことの要因になっているので、理由を示す (D) owing to（〜のおかげで）が適切。

□ **experiencing increases** 増加を経験している＝増加している　□ **transport** 名 輸送
□ **in order to** 〜　〜するために
□ **apart from** 〜　〜は別として
□ **in case of** 〜　〜の場合は

訳 本日好調な第1四半期の収益を報告したKellwood Tilesは、9月に2つめの工場の操業を始める。

この文は、Kellwood Tiles が主語で、will start が動詞になっているので、空欄には前のKellwood Tiles を先行詞として取り、後ろに続く reported strong first-quarter earnings（好調な第1四半期の収益を報告した）の主語として機能する語が求められる。よって、関係代名詞の (B) which が正解。

□ **strong** 形 好調な　□ **quarter** 名 四半期
□ **earnings** 名 収益　□ **operate** 動 操業する

Set 13

間違えた問題はもちろん、正解の理由が明確になっていない問題は、自分でしっかり根拠を示せるまで学習しましょう。スコアアップは、しっかりした復習から生まれます。

　1周、2周、3周…と、自分で納得するまで続けましょう。トレーニングは裏切りません。

Set 13	実施日	正答数
1回目	月　　　日	／30問
2回目	月　　　日	／30問
3回目	月　　　日	／30問
4回目	月　　　日	／30問
5回目	月　　　日	／30問

361. Brunswick Labs is more ------- focused on engineering disease-resistant vegetables than it used to be.

(A) narrow
(B) narrowly
(C) narrower
(D) narrowed

362. The Hoverscrub steam cleaner will help you maintain the ------- of your upholstered furniture.

(A) environment
(B) observation
(C) appearance
(D) improvement

363. ------- the request of his coworker, Mr. Peterson changed the date of his doctor's appointment.

(A) For
(B) In
(C) At
(D) Under

訳 Brunswick Labsは、病気に強い野菜を遺伝子組み換えで作ることに、以前より焦点を絞っている。

focused（焦点を合わせている）を修飾するには、副詞の(B) narrowly（限定的に）が適切。is more narrowly focusedで「より限定的に焦点を合わせている＝より焦点を絞っている」。

□ **engineer** 動 遺伝子組み換えで作る
□ **disease-resistant** 形 病気に強い
□ **narrow** 動 狭める

訳 Hoverscrubのスチームクリーナーは、布張り家具の見た目を維持するのに役立ちます。

動詞maintain（維持する）の目的語となり、「布張り家具の-------」に適切なのは、(C) appearance（見た目）。

□ **upholstered** 形 布張りの　□ **environment** 名 環境
□ **observation** 名 観察　□ **improvement** 名 向上

訳 同僚の要望により、Petersonさんは、医師との診察予約日を変更した。

at the request of ～で「～の要望により」となるので、(C) Atが正解。for the request of ～という使い方はしないので、(A)は不正解。

□ **coworker** 名 同僚（= colleague）
□ **appointment** 名 予約

364. Ms. Davies has -------- to notify the other supervisors of which meeting room they will be using.

(A) yet
(B) soon
(C) about
(D) already

365. The janitors were instructed to handle the cleaning solution -------, as spilling it could damage the flooring.

(A) caution
(B) cautious
(C) cautiously
(D) cautioned

366. As a travel journalist, Ms. Kwon is ------- adapting to new climates and cultures.

(A) consequently
(B) previously
(C) well
(D) always

訳 Daviesさんは、どの会議室を使うか、まだ他の監督者たちに知らせていない。

have yet to 〜で「まだ〜していない」の意味になるので、(A) yetが正解。(C) aboutは is about to notify（知らせようとしていたところだ）であれば、文意に合う。notify A of Bで「AにBを知らせる」。

□ **supervisor** 名 監督者

訳 清掃作業員は、こぼすとフローリングに損傷を与えるおそれがあるので、洗浄液を慎重に取り扱うように指示された。

前の handle the cleaning solution（洗浄液を取り扱う）を修飾するには、副詞の (C) cautiously（慎重に）が適切。

□ **janitor** 名 清掃作業員　□ **instruct** 動 指示する
□ **handle** 動 取り扱う □ **cleaning solution** 洗浄液
□ **spill** 動 こぼす　□ **caution** 名 注意 動 警告する
□ **cautious** 形 注意深い

訳 旅行記者として、Kwonさんは新しい気候と文化に常に順応している。

「旅行記者として新しい気候と文化に順応している」という文意から、(D) always（常に）を選ぶ。(C) well（上手く）は、文意には合うが、能動態の文で動詞を修飾する場合、動詞の後ろに置かれるので不可（空欄がadaptingの直後または文末にあれば可）。

□ **adapt** 動 順応する　□ **climate** 名 気候
□ **consequently** 副 その結果として
□ **previously** 副 以前に

367. To reduce the amount of wastewater generated at its plants, Cysteco Industries has recently ------- a program for recycling water.

(A) collaborated
(B) interfered
(C) estimated
(D) implemented

368. The chief editor was surprised ------- that over 80 percent of the magazine's subscribers renewed their subscriptions this year.

(A) hears
(B) to hear
(C) heard
(D) being heard

369. Seaweed is sometimes used by farmers as a ------- for chemical fertilizers because of its high nutrient content.

(A) function
(B) strategy
(C) dedication
(D) substitute

訳 工場で生じる廃水の量を減らすために、Cysteco Industries は最近、水の再利用プログラムを実施した。

前半の「工場で生じる廃水の量を減らすために」から、a program for recycling water (水の再利用プログラム) を目的語として取る動詞として、(D) implemented (実施した) が適切。

- □ **wastewater** 名 廃水　□ **generate** 動 生み出す
- □ **collaborate** 動 協力する　□ **interfere** 動 妨害する
- □ **estimate** 動 見積もる

訳 編集長は、その雑誌の定期購読者の80パーセント以上が今年、定期購読を更新したと聞いて驚いた。

be surprised to 〜で「〜して驚く」の意味になるので、(B) to hear が正解。

- □ **chief editor** 編集長　□ **subscriber** 名 定期購読者
- □ **renew** 動 更新する　□ **subscription** 名 定期購読

訳 海藻は、高い栄養分のため、時に化学肥料の代わりとして農業従事者に使われている。

「海藻は時に化学肥料の ------- として農業従事者に使われている」には、(D) substitute (代わり) が適切。substitute for 〜で「〜の代わり」。

- □ **chemical** 形 化学の　□ **fertilizer** 名 肥料
- □ **nutrient** 名 栄養　□ **content** 名 内容物
- □ **function** 名 機能　□ **strategy** 名 戦略、策略
- □ **dedication** 名 献身

124

370. ------- for the 3D Print Award should be
sent to the Shapeway Gallery via e-mail
by December 15.

(A) Nominating
(B) Nominated
(C) Nominations
(D) Nominees

371. Stantam Incorporated will contribute the
money raised at its charity dinner -------
the restoration of the historic clock tower.

(A) from
(B) on
(C) by
(D) to

372. Any of Jersey Home Center's ceramic
birdbaths will make the perfect ------- to
your garden.

(A) addition
(B) additional
(C) additionally
(D) adding

訳 3D Print Award への推薦は、12月15日までに Shapeway Gallery へEメールで送ってください。

for the 3D Print Award (3D Print Award への) を伴い、should be sent to the Shapeway Gallery (Shapeway Gallery へ送られるべきである＝送ってください) の主語となる語として、(C) Nominations (推薦) が適切。

□ **via** 前 〜で　□ **nominate** 動 推薦する
□ **nominee** 名 推薦された人

訳 Stantam Incorporated は、チャリティーディナーで集めた募金を歴史的な時計台の修復に寄付する。

contribute A to B で「A を B に寄付する」になるので、(D) to が正解。the money raised at its charity dinner (チャリティーディナーで集めた募金) が A に相当する。

□ **contribute** 動 寄付する　□ **raise** 動 (資金を) 集める
□ **restoration** 名 修復　□ **historic** 形 歴史的な
□ **clock tower** 時計台

訳 Jersey Home Center の陶器製鳥用水浴び盤はどれも、お客様の庭への最適な追加の品となります。

前に形容詞 perfect (最適な)、後ろに前置詞 to があるので、名詞の (A) addition (追加物) が適切。(D) adding も名詞になるが、「加算、追加すること」という意味なので、文意に合わない。

□ **ceramic** 形 陶器の　□ **birdbath** 名 鳥用水浴び盤
□ **additional** 形 追加の
□ **additionally** 副 さらに、その上

373. The directors of successful organizations often have a strategic plan for ------- a strong competitive position.

(A) securing
(B) qualifying
(C) reserving
(D) surrounding

374. Before Mr. Travis joined Sundridge Automotive, he ------- as a bookkeeper for Galway Shipping.

(A) works
(B) worked
(C) has worked
(D) will work

375. *Breakfast America* made television history when it achieved the ------- television ratings ever for a morning talk show.

(A) high
(B) higher
(C) highest
(D) height

訳 成功している組織の重役は、強い競争力を確保するための戦略的な計画を持っていることが多い。

空欄前の have a strategic plan for（〜のための戦略的な計画を持つ）と後ろの a strong competitive position（競争力のある強固な位置＝強い競争力）から、「強い競争力を確保するための戦略的な計画を持つ」となる (A) securing（確保する）を選ぶ。

□ **director** 名 重役、取締役　□ **strategic** 形 戦略的な
□ **competitive** 形 競争力のある
□ **qualify** 動 資格を与える　□ **reserve** 動 予約する
□ **surround** 動 囲む

訳 Travis さんは、Sundridge Automotive に入社する前、Galway Shipping で簿記係として働いていた。

Travis さんが Sundridge Automotive に入る前の仕事について述べているので、過去形の (B) worked が適切。現在とは切り離された過去のことについての文なので、現在完了形の (C) has worked は不可。

□ **join** 動 入社する　□ **bookkeeper** 名 簿記係

訳 *Breakfast America* は、モーニングトークショーとして過去最高の視聴率を達成し、テレビ史に残る偉業を成し遂げた。

前に the、後ろに television ratings（視聴率）があり、最上級の指標となる ever（これまで、今まで）が続くので、最上級の (C) highest が適切。the highest television ratings ever で「過去最高の視聴率」。

□ **make history** 歴史的な偉業を成し遂げる
□ **height** 名 高さ

376. Neither the chief designer nor the president ------- how much the retail price of their electric car will be.

(A) specified
(B) employed
(C) concerned
(D) undertook

377. The amount of donations the non-profit received this year went ------- what its founders had anticipated.

(A) except
(B) beyond
(C) ahead
(D) along

378. Ms. Turner usually stays at the Morningside Hotel when she travels to Edinburgh for business, but she occasionally stays -------.

(A) also
(B) there
(C) others
(D) elsewhere

訳 主任デザイナーも社長も、電気自動車の販売価格がいくらになるのか明示しなかった。

how much the retail price of their electric car will be （電気自動車の販売価格がいくらになるのか）を目的語として取る動詞として、(A) specified（明示した）が適切。主語がNeither the chief designer nor the presidentになっているので、「主任デザイナーも社長も明示しなかった」という意味になる。

□ **retail** 形 小売の　□ **employ** 動 雇う
□ **concern** 動 関係する　□ **undertake** 動 取り掛かる

訳 その非営利団体が今年受け取った寄付金の額は、団体の設立者が予測したものを上回った。

(B) beyond（〜を越えて）を使い、went beyond 〜（〜を上回った）とすると、文意に合う。(C) ahead（前方に）は、go ahead of 〜で「〜の先を行く」。(D) along（〜に沿って）は、go along with 〜で「〜と共に進む」。

□ **donation** 名 寄付金　□ **non-profit** 名 非営利団体
□ **founder** 名 設立者、創設者　□ **anticipate** 動 予測する

訳 Edinburghへ出張する時、Turnerさんは通常Morningside Hotelに宿泊するが、時折他の場所にも泊まる。

「通常Morningside Hotelに宿泊する」の後ろにbut（しかし）が続くので、対比の関係になる(D) elsewhere（他の場所に）が適切。occasionally stays elsewhere で「時折他の場所にも泊まる」。

□ **occasionally** 副 時折

379. Fleetstone Financial will be offering an initial ------- free of charge in March and April.

(A) reduction
(B) invitation
(C) resolution
(D) consultation

380. When completing each section of the payroll tax form, employers should refer to the ------- instructions.

(A) correspond
(B) correspondence
(C) corresponding
(D) correspondent

381. The Lancaster Community Center plays a ------- role in providing spaces for public meetings.

(A) vital
(B) vitals
(C) vitally
(D) vitality

訳 Fleetstone Financial は、3月と4月に初回の相談を無料で提供する。

will be offering an initial ------- free of charge（初回の ------- を無料で提供する）に合うのは、(D) consultation（相談）。

□ **initial** 形 初回の、最初の　□ **free of charge** 無料で
□ **reduction** 名 削減　□ **invitation** 名 招待
□ **resolution** 名 解決

訳 給与税申告書の各欄に記入する際、雇用者は対応する説明書を参照してください。

名詞 instructions（説明書）を修飾するには、形容詞の (C) corresponding（対応する）が適切。(D) correspondent（名詞で「特派員」）は、まれに「対応する」という意味の形容詞として使われるが、be動詞の後ろに来る用法のみで使われ、名詞を直接修飾する用法はない。

□ **complete** 動 記入する　□ **payroll** 名 給与
□ **correspond** 動 対応する、連絡する
□ **correspondence** 名 文書のやり取り
□ **correspondent** 名 特派員 形 対応する

訳 Lancaster Community Center は、市民集会の場所を提供することにおいて、重要な役割を果たしている。

名詞 role（役割）を修飾するには、形容詞の (A) vital（重要な）が適切。plays a vital role で「重要な役割を果たす」。

□ **vitally** 副 致命的に　□ **vitality** 名 生命力、活力

382. If you make a bill payment online on a bank holiday, the ------- will be processed on the next business day.

(A) capability
(B) transaction
(C) requirement
(D) condition

383. The equipment upgrades will increase productivity by about 15 percent and reduce the company's ------- annual production costs.

(A) total
(B) totals
(C) totaled
(D) totaling

384. Gechter Steel executives will meet on Tuesday to ------- a new chief financial officer.

(A) vote
(B) select
(C) realize
(D) forward

訳 銀行の休日にオンラインで請求書の支払いをされた場合、取引は翌営業日に処理されます。

カンマの前に「銀行の休日にオンラインで請求書の支払いをされた場合」とあり、カンマの後ろに「-------は翌営業日に処理されます」と続くので、(B) transaction (取引) が適切。

□ **process** 動 処理する　□ **capability** 名 能力
□ **requirement** 名 必要条件　□ **condition** 名 状態

訳 機器のアップグレードは、生産力を約15パーセント高め、会社の年間総生産費を削減する。

annual production costs (年間生産費) を修飾するには、形容詞の (A) total (総計の) が適切。total annual production costs で「年間総生産費」。

□ **productivity** 名 生産力、生産性
□ **total** 形 総計の　名 総額　動 合計する

訳 Gechter Steel の重役は、新しい最高財務責任者を選ぶために火曜日に会合を持つ。

to 以下が「重役が火曜日に会合を持つ」ことの目的を示しているので、(B) select (選ぶ) を使い、to select a new chief financial officer (新しい最高財務責任者を選ぶために) とする。(A) vote (投票する) は on を伴った vote on ～ (～を票決する) であれば可。

□ **executive** 名 重役
□ **chief financial officer** 最高財務責任者
□ **realize** 動 気付く　□ **forward** 動 転送する

385. Students in Mr. Leblanc's French classes spend an ------- amount of time practicing speaking and writing.

(A) obliged
(B) ultimate
(C) early
(D) equal

386. Several social networking sites have been accused of not doing ------- to protect online privacy.

(A) enough
(B) other
(C) such
(D) few

387. Ms. Packard has a copy of the guidelines for requesting ------- for a leave of absence without pay.

(A) approve
(B) approval
(C) approving
(D) approvingly

385. 正解 (D) equal 語彙

訳 Leblanc さんのフランス語クラスの受講者は、スピーキングとライティングの練習に同量の時間を費やす。

名詞 amount（量）を修飾する形容詞として、(D) equal（同じ）が適切。an equal amount of time で「同じ量の時間」。(A) obliged は、be obliged to ～で「～する義務がある」という意味になるが、amount of time を修飾するには不適切。

□ **oblige** 動 強いる　□ **ultimate** 形 最終的な、究極の

386. 正解 (A) enough 語法

訳 いくつかのソーシャル・ネットワーキング・サイトは、オンライン上でのプライバシーを保護するために十分なことを行っていないと非難されている。

「オンライン上でのプライバシーを保護するために ------- を行っていない」には、代名詞として「十分なこと」という意味を持つ、(A) enough が適切。(C) such は代名詞の用法もあり、前出の名詞を受けて、「そのようなこと、物、人」という意味になる。

□ **accuse** 動 非難する　□ **protect** 動 保護する
□ **few** 代 少しの物、人 形 少しの

387. 正解 (B) approval 品詞

訳 Packard さんは、無給休暇の承認申請のための手引きを一部持っている。

空欄には動詞 request（申請する）の目的語となる名詞が必要なので、名詞の (B) approval（承認）が正解。approval for a leave of absence without pay で「無給休暇の承認」。

□ **guideline** 名 手引き、指針　□ **leave of absence** 休暇
□ **approve** 動 承認する　□ **approving** 形 承認の
□ **approvingly** 副 賛成して、満足げに

130

388. ------- the hospital has been expanded,
it will be able to provide a wider range of
services to patients.

(A) Despite
(B) Once
(C) Following
(D) Only

389. In order to stay ahead of the competition,
Navex Corporation must ------- come up
with innovative ideas.

(A) recently
(B) exceptionally
(C) practically
(D) constantly

390. Since Edgerton Hardware started
advertising its products online, its sales
have increased -------.

(A) adversely
(B) lively
(C) substantially
(D) diligently

388. 正解 (B) Once　前置詞 vs. 接続詞

訳 一旦病院が拡張されれば、より幅広いサービスを患者に提供できるようになる。

後ろに節が続くので、空欄には接続詞が必要。前半の「病院が拡張された」と後半の「より幅広いサービスを患者に提供できるようになる」から、「一旦病院が拡張されれば」となる接続詞の (B) Once (一旦～すれば) が適切。

□ **a wide range of ～** 多様な～　□ **patient** 名 患者
□ **despite** 前 ～にもかかわらず
□ **following** 前 ～に続いて

389. 正解 (D) constantly　語彙

訳 ライバル会社の一歩先を進み続けるために、Navex Corporation は革新的なアイデアを絶えず考え出さなければならない。

空欄後の「革新的なアイデアを考え出す」を修飾する副詞として、(D) constantly (絶えず) が適切。

□ **stay ahead of ～** ～の一歩先を進み続ける
□ **competition** 名 ライバル会社
□ **come up with ～** ～を考え出す
□ **innovative** 形 革新的な
□ **exceptionally** 副 並はずれて
□ **practically** 副 実用的に

390. 正解 (C) substantially　語彙

訳 Edgerton Hardware がオンラインで製品を広告し始めて以来、同店の売上は大幅に増加している。

have increased (増加している) を修飾するには、(C) substantially (大幅に) が適切。

□ **adversely** 副 不利に、悪く　□ **lively** 形 活発な
□ **diligently** 副 熱心に、勤勉に

Set 14

間違えた問題はもちろん、正解の理由が明確になっていない問題は、自分でしっかり根拠を示せるまで学習しましょう。スコアアップは、しっかりした復習から生まれます。

　1周、2周、3周…と、自分で納得するまで続けましょう。トレーニングは裏切りません。

Set 14	実施日		正答数
1回目	月	日	／30問
2回目	月	日	／30問
3回目	月	日	／30問
4回目	月	日	／30問
5回目	月	日	／30問

391. Although there are few direct flights to Alambias, the island has recently seen a ------- increase in tourists.

(A) sharp
(B) sharply
(C) sharpened
(D) sharpens

392. The Seaview Parkway will ------- the commute for motorists heading in and out of Aston City.

(A) resolve
(B) shorten
(C) disclose
(D) oppose

393. Conveniently ------- in downtown Houston, the Jameston Hotel provides business travelers with all the necessary comforts and amenities.

(A) locates
(B) location
(C) locating
(D) located

訳 Alambiasへの直行便はほとんどないが、その島では最近、観光客が急増している。

名詞increase（増加）を修飾するには、形容詞の (A) sharp（急な）が適切。a sharp increaseで「急増」。(C) sharpenedも名詞を修飾するが、「鋭利にされた、研ぎ澄まされた」という意味なので、文意に合わない。

□ **sharply** 副 鋭く、急に　□ **sharpen** 動 鋭利にする

訳 Seaview Parkwayは、Aston Cityへ出入りする自動車運転者の通勤を短縮する。

主語Seaview Parkwayに対応し、後ろのthe commute for motorists（自動車運転者の通勤）を目的語に取る動詞として、(B) shorten（短縮する）が適切。

□ **commute** 名 通勤　□ **head** 動 向かう
□ **resolve** 動 解決する　□ **disclose** 動 公開する
□ **oppose** 動 反対する

訳 Houstonの中心街の便利な場所にあるJameston Hotelは、ビジネス旅行者にすべての必要な快適さと設備を提供する。

カンマ前には主語と動詞がなく、Beingが省略された分詞構文になっている。Conveniently（便利に）によって修飾される語として、(D) located（位置している）が適切。conveniently locatedで「便利な場所にある」。

□ **comfort** 名 快適さ　□ **amenity** 名 設備
□ **location** 名 場所
□ **locate** 動 場所を突き止める、配置する

132

394. To submit your application form, please
------- send it to us by post or deliver it in
person.

(A) either
(B) instead
(C) just as
(D) as well as

395. ------- who are attending the training
seminar at two o'clock should report to
the second-floor conference room.

(A) Those
(B) Each
(C) Every
(D) Anyone

396. At Tofsan Systems, brainstorming
sessions are regularly held with the aim
of generating ------- ideas.

(A) innovate
(B) innovates
(C) innovative
(D) innovatively

訳 申込用紙の提出は、郵送していただくか、または直接お持ちください。

either A or B で「A または B」になるので、(A) either が適切。ここでは、send it to us by post（それを郵便で送る）が A、deliver it in person（直接持って来る）が B に相当する。
□ **by post** 郵便で　□ **in person** 直接
□ **instead** 副 代わりに
□ **just as 〜** 〜の通りに
□ **A as well as B** A と同様に B も

訳 2時の研修セミナーへ参加される方は、2階会議室に告げてください。

who are attending the training seminar at two o'clock（2時の研修セミナーへ参加する）の先行詞として、複数の人を表す (A) Those が適切。(D) Anyone は単数なので、Anyone who is attending となる。
□ **report to 〜** 〜に報告する

訳 Tofsan Systems では、革新的なアイデアを生む目的でブレインストーミング・セッションが定期的に行われている。

名詞 ideas（アイデア）を修飾する語として、形容詞の (C) innovative（革新的な）が適切。with the aim of 〜 は「〜を目的として、〜のために」。
□ **regularly** 副 定期的に　□ **hold** 動 行う、催す
□ **generate** 動 生む、起こす　□ **innovate** 動 革新する
□ **innovatively** 副 革新的に

397. If you would like to schedule an ------- with Dr. Swanson, please call the clinic during opening hours.

(A) invitation
(B) appointment
(C) employment
(D) organization

398. Mr. Wendell handed in his progress report this morning, but Ms. Thompson has not yet turned in -------.

(A) her
(B) she
(C) hers
(D) herself

399. At Autorama Dealers, all used vehicles are meticulously ------- by our certified technicians prior to sale.

(A) inspects
(B) inspecting
(C) inspected
(D) inspection

397. 正解 (B) appointment　語彙

訳 Swanson 医師との予約をご希望の方は、営業時間内にクリニックまでお電話ください。

「Swanson 医師との ------- をご希望の方は」には、(B) appointment（予約）が適切。schedule an appointment with 〜で「〜と会う予約をする」。ここでは、医師の診察の予約の意。

□ **schedule** 動 予定する　□ **invitation** 名 招待、招待状
□ **employment** 名 雇用　□ **organization** 名 組織

398. 正解 (C) hers　代名詞

訳 Wendell さんは経過報告書を今朝、提出したが、Thompson さんは彼女のものをまだ出していない。

カンマ後に but（しかし）があるので、前半と後半が対照的な関係になっている。前半が「Wendell さんは経過報告書を今朝、提出した」なので、1語で her progress report（彼女の経過報告書）の意味になる、(C) hers（彼女のもの）が正解。

□ **hand in** 提出する　□ **progress** 名 進捗
□ **turn in** 提出する

399. 正解 (C) inspected　品詞／態

訳 Autorama Dealers では、すべての中古車は、販売前に当社の有資格の技術者によって、細心の注意を払って検査されています。

前に all used vehicles are meticulously（すべての中古車は細心の注意を払って）とあり、後ろに前置詞 by（〜によって）が続いているので、受動態を作る (C) inspected（検査された）が適切。

□ **used vehicle** 中古車
□ **meticulously** 副 細心の注意を払って
□ **certified** 形 有資格の　□ **technician** 名 技術者
□ **inspect** 動 検査する　□ **inspection** 名 検査

400. Please contact Creations Catering with any questions you have ------- our menu or services.

(A) pending
(B) relating
(C) following
(D) regarding

401. Quastem Instruments ------- assistance while developing its new device.

(A) covered
(B) collaborated
(C) sought
(D) decided

402. The warranty for the Attico tractor ------- states whether labor costs are covered for various types of repairs.

(A) leisurely
(B) profoundly
(C) explicitly
(D) longingly

訳 弊社のメニューまたはサービスに関するいかなるご質問も、Creations Catering までお尋ねください。

空欄前の any questions you have は、any questions that you have の that が省略されていた形。(D) regarding (〜に関する) を使って、any questions you have regarding our menu or services (メニューまたはサービスに関するあなたの持ついかなる質問) とする。(B) relating は、to を伴った relating to 〜で「〜に関する」。

□ **pending** 前 〜の間　形 未解決の、懸案中の
□ **following** 前 〜に続いて

訳 新しい装置を開発している間、Quastem Instruments は援助を求めた。

名詞 assistance (援助) を目的語に取る動詞として、seek の過去形の (C) sought (求めた) が適切。
□ **device** 名 装置、機器
□ **cover** 動 覆う、(費用を) 負担する
□ **collaborate** 動 協力する　□ **decide** 動 決める

訳 Attico トラクターの保証書には、さまざまなタイプの修理に対して人件費が賄われるかどうか明確に記されている。

動詞 states (記す) を修飾する副詞として、(C) explicitly (明確に) が適切
□ **warranty** 名 保証書　□ **labor cost** 人件費
□ **cover** 動 (費用を) 賄う　□ **leisurely** 副 ゆっくりと
□ **profoundly** 副 大いに　□ **longingly** 副 切望して

403. All nurses ------- to work the night shift will receive additional compensation of $2.70 per hour.

(A) assign
(B) assignment
(C) assigned
(D) assigning

404. Technical service representatives must be able to solve ------- the most challenging problems faced by customers.

(A) even
(B) whereas
(C) now that
(D) insofar as

405. Rainbow Supermarket will be handing out complimentary samples of cheese products from now ------- the end of May.

(A) within
(B) before
(C) through
(D) between

訳 夜勤に割り当てられたすべての看護師は、1時間あたり2ドル70セントの追加報酬を受ける。

空欄には All nurses を後ろから修飾する形が入る。動詞 assign（割り当てる）と看護師との間には、看護師が夜勤を「割り当てられる」という受動の関係があるので、(C) assigned が正解。All nurses assigned to work the night shift = All nurses who are assigned to work the night shift

□ **additional** 形 追加の　□ **compensation** 名 報酬
□ **assignment** 名 任務、割り当て

訳 技術サービス担当者は、顧客の直面する最も困難な問題でさえも解決できなくてはならない。

(A) even を使って、even the most challenging problems（最も困難な問題でさえ）とすると、意味が通る。

□ **representative** 名 担当者　□ **challenging** 形 困難な
□ **face** 動 直面する　□ **whereas** 接 〜であるのに対して
□ **now that** 〜　今や〜なので
□ **insofar as** 〜　〜する限りにおいて

訳 Rainbow Supermarket は、今から5月末まで、チーズ製品の無料サンプルを配る。

(C) through を使って、from now through the end of May（今から5月末まで）とすると、「Rainbow Supermarket はチーズ製品の無料サンプルを配る」の文意に合う。(B) before（〜の前）は、from now とセットでは使わない。

□ **hand out** 配る　□ **complimentary** 形 無料の

406. Evaluating management ------- for efficiency and flexibility is critical to optimizing company performance.

(A) processes
(B) processed
(C) procession
(D) processor

407. Sales at Canyon Souvenirs were up in August ------- due to a surge in visitors to the area.

(A) intently
(B) overly
(C) correctly
(D) largely

408. ------- Bowen Consulting employees are encouraged to take a 15-minute break in the afternoon, most of them do not.

(A) Provided that
(B) Regardless of
(C) In spite of
(D) Even though

406. 正解 (A) processes　品詞

訳 管理過程を効率性と柔軟性に関して評価することは、会社のパフォーマンスを最大限に高めるために不可欠である。

management（管理、経営）とセットで、動詞evaluate（評価する）の目的語となるのに適切なのは、(A) processes（過程）。

□ **efficiency** 名 効率性　□ **flexibility** 名 柔軟性
□ **critical** 形 不可欠な　□ **optimize** 動 最大限に高める
□ **process** 名 過程　動 処理する
□ **procession** 名 進行、推移　□ **processor** 名 処理装置

407. 正解 (D) largely　語彙

訳 8月、Canyon Souvenirsの売上は、主にその地域への来訪者の急増により増加した。

(D) largely（主に）を使って、largely due to a surge in visitors to the area（主にその地域への来訪者の急増により）とする。

□ **surge** 名 急増　□ **intently** 副 熱心に
□ **overly** 副 過度に　□ **correctly** 副 正しく

408. 正解 (D) Even though　前置詞 vs. 接続詞

訳 Bowen Consultingの社員は、午後に15分の休憩をとるように勧められているにもかかわらず、ほとんどの人がそうしない。

後ろに節が続くので、接続詞が必要。(D) Even though（〜にもかかわらず）を使うと、「午後に15分の休憩をとるように勧められているにもかかわらず」となり、「ほとんどの人がそうしない」と上手くつながる。

□ **provided that** 〜　もし〜なら、〜の条件で
□ **regardless of** 〜　〜に関係なく
□ **in spite of** 〜　〜にもかかわらず

409. Before the reception, the waiters were instructed to keep the refreshment table ------- with beverages and appetizers.

(A) engaged
(B) stocked
(C) cleared
(D) raised

410. After a thorough ------- of safety and health risks at the factory, the auditors recommended replacing an electrical panel.

(A) assess
(B) assessing
(C) assessed
(D) assessment

411. ------- the strict time constraints during the symposium, the presenters will have only forty minutes to discuss their work.

(A) While
(B) Given
(C) Among
(D) Because

訳　レセプションの前に、ウェイターは、飲食物テーブルに飲み物と前菜をそろえておくように指示された。

keep A B で「A を B の状態に保つ」。(B) stocked を使い、keep the refreshment table stocked with beverages and appetizers（飲食物テーブルを飲み物と前菜で満たされた状態に保つ＝飲み物と前菜をそろえておく）とすると、意味が通る。

□ **reception** 名 レセプション、歓迎会
□ **instruct** 動 指示する　□ **refreshment** 名 軽い飲食物
□ **stock** 動 (物で) 満たす　□ **beverage** 名 飲料
□ **appetizer** 名 前菜　□ **engage** 動 従事する、携わる
□ **clear** 動 片付ける　□ **raise** 動 上げる

訳　工場での安全面と健康上のリスクの綿密な評価の後に、監査官は配電盤を交換するように勧めた。

前に形容詞 thorough（綿密な）、後ろに前置詞 of があるので、空欄には、名詞の (D) assessment（評価）が入る。

□ **thorough** 形 綿密な　□ **auditor** 名 監査官
□ **recommend** 動 勧める　□ **replace** 動 交換する
□ **electrical panel** 配電盤　□ **assess** 動 評価する

訳　シンポジウムでの厳しい時間制限を考慮すると、発表者は各自の研究について説明する時間が 40 分しかない。

(B) Given（〜を考慮すると）を使い、Given the strict time constraints during the symposium（シンポジウムでの厳しい時間制限を考慮すると）とすると、意味が通る。

□ **constraint** 名 制限　□ **discuss** 動 説明する
□ **while** 接 〜の間　□ **because** 接 〜なので

412. Sol-Trust Bank employees ------- wish to interview for the financial manager position must fill out an application this week.

(A) whoever
(B) who
(C) whose
(D) whom

413. Ms. Cheung received praise for her ------- workshop on how to compost food waste.

(A) informs
(B) informed
(C) informing
(D) informative

414. Mr. Owens was promoted to the position of CEO of Mortwise Corporation after saving the company ------- bankruptcy.

(A) over
(B) from
(C) onto
(D) behind

412. 正解 (B) who　関係詞

訳 財務管理職の面接を希望するSol-Trust Bankの職員は、今週中に申込書に記入しなければならない。

空欄前のSol-Trust Bank employees（Sol-Trust Bankの職員）を先行詞に取り、後ろのwishの主語として機能する語として、関係代名詞の(B) whoが適切。

□ **interview** 動 面接を受ける、面接をする
□ **financial** 形 財務の　□ **manager position** 管理職
□ **fill out** 記入する　□ **application** 名 申込書

413. 正解 (D) informative　品詞

訳 Cheungさんは、生ゴミを堆肥にする方法に関する彼女の有益なワークショップで称賛を得た。

名詞workshop（ワークショップ）を修飾する語として、形容詞の(D) informative（有益な）が適切。(B) informedも形容詞だが、「情報に通じた、情報に基づく」という意味なので、文意に合わない。

□ **praise** 名 称賛　□ **compost** 動 堆肥にする
□ **inform** 動 知らせる

414. 正解 (B) from　前置詞

訳 Owensさんは、Mortwise Corporationを倒産から救った後、同社のCEOに昇進した。

save A from Bで「AをBから救う」の意味になるので、(B) from（～から）が正解。

□ **be promoted to ～** ～に昇進する
□ **CEO** 名 最高経営責任者
□ **bankruptcy** 名 倒産

415. KeyCell Corp is doing everything it can to ------- with the new privacy protection laws.

(A) consist
(B) authorize
(C) comply
(D) observe

416. Tickets purchased in advance for the Pensacola Blues Festival are fully ------- until 6:00 P.M. on July 12.

(A) irregular
(B) profitable
(C) compulsory
(D) refundable

417. Dr. Nicklaus made major contributions to the field of psychology ------- his career.

(A) alongside
(B) throughout
(C) besides
(D) toward

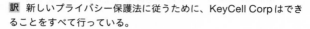

415.　正解 (C) comply　語彙

訳 新しいプライバシー保護法に従うために、KeyCell Corpはできることをすべて行っている。

(C) comply は、comply with 〜で「(規則などに) 従う」という意味になるので、これが適切。(D) observe も「(規則などに) 従う」という意味を持つが、他動詞なので直後に目的語が来る (withが不要)。

□ **consist of 〜** 〜から成る　□ **authorize** 動 認可する
□ **observe** 動 観察する、(規則などを) 守る

416.　正解 (D) refundable　語彙

訳 前売りで購入されたPensacola Blues Festivalのチケットは、7月12日の午後6時まで全額返金が可能です。

「前売りで購入された Pensacola Blues Festivalのチケットは、完全に ------- です」には、(D) refundable (返金可能な) が適切。fully refundable で「全額返金可能な」。

□ **in advance** 事前に　□ **irregular** 形 不規則な
□ **profitable** 形 有利な、利益になる
□ **compulsory** 形 義務的な、必須の

417.　正解 (B) throughout　前置詞

訳 Nicklaus博士は、彼のキャリアを通して心理学の分野に大きな貢献をしました。

(B) throughoutを使って、throughout his career (彼のキャリアを通して) とすると、「心理学の分野に大きな貢献をした」という文意に合う。

□ **contribution** 名 貢献　□ **field** 名 分野
□ **alongside** 前 〜と並行に　□ **besides** 前 〜に加えて
□ **toward** 前 〜に向かって

418. The Macau Ferry Company announced that all seven of its terminals are now ------- with automated ticket machines.

(A) equip
(B) equipping
(C) equipped
(D) equipment

419. Cougear Company has surpassed its competitors in ------- of overall sales and has become the leading brand of camping equipment.

(A) terms
(B) case
(C) charge
(D) honor

420. Fidelcomm has gained a global ------- for advancing the frontiers of wireless technologies.

(A) nomination
(B) reputation
(C) explanation
(D) prediction

正解 (C) equipped　品詞／態

訳 Macau Ferry Companyは、同社の7つのターミナルのすべてに現在、自動券売機が備わっていると発表した。

equipは「(設備等を) 備え付ける」という意味の他動詞。ターミナルには、自動券売機が「備え付けられる」ので、受動態になる(C) equippedが適切。

□ **automated** 形 自動の　□ **equipment** 名 機器

---

419. 正解 (A) terms　語彙

訳 Cougear Companyは、総売上高においてライバル会社を上回り、キャンプ用品のトップブランドになった。

(A) termsを使って、in terms of overall sales (総売上高において) とすると、前の「Cougear Companyはライバル会社を上回った」に合う。in case of ～は「～の場合は」。in charge of ～は「～を担当して」。in honor of ～は「～に敬意を表して」。

□ **surpass** 動 上回る、超える
□ **competitor** 名 ライバル会社
□ **overall sales** 総売上高

---

420. 正解 (B) reputation　語彙

訳 Fidelcommは、ワイヤレス技術の最先端の研究を押し進めたことにより、世界的な名声を得た。

後ろのfor advancing the frontiers of wireless technologies (ワイヤレス技術の最先端領域を進めたことにより＝ワイヤレス技術の最先端の研究を押し進めたことにより) から、「世界的な ------- を得た」には、(B) reputation (名声) が適切。

□ **gain** 動 得る　□ **advance** 動 進める
□ **frontier** 名 最先端領域　□ **nomination** 名 指名、任命
□ **explanation** 名 説明、解説
□ **prediction** 名 予測、予想

新形式TOEIC® L&R TEST Part 5特急 420問ドリル 解答用紙

マークシート 1〜90

Set 1

#		#		#		#		#	
1	Ⓐ Ⓑ Ⓒ Ⓓ	12	Ⓐ Ⓑ Ⓒ Ⓓ	24	Ⓐ Ⓑ Ⓒ Ⓓ	34	Ⓐ Ⓑ Ⓒ Ⓓ	46	Ⓐ Ⓑ Ⓒ Ⓓ
2	Ⓐ Ⓑ Ⓒ Ⓓ	13	Ⓐ Ⓑ Ⓒ Ⓓ	25	Ⓐ Ⓑ Ⓒ Ⓓ	35	Ⓐ Ⓑ Ⓒ Ⓓ	47	Ⓐ Ⓑ Ⓒ Ⓓ
3	Ⓐ Ⓑ Ⓒ Ⓓ	14	Ⓐ Ⓑ Ⓒ Ⓓ	26	Ⓐ Ⓑ Ⓒ Ⓓ	36	Ⓐ Ⓑ Ⓒ Ⓓ	48	Ⓐ Ⓑ Ⓒ Ⓓ
4	Ⓐ Ⓑ Ⓒ Ⓓ	15	Ⓐ Ⓑ Ⓒ Ⓓ	27	Ⓐ Ⓑ Ⓒ Ⓓ	37	Ⓐ Ⓑ Ⓒ Ⓓ	49	Ⓐ Ⓑ Ⓒ Ⓓ
5	Ⓐ Ⓑ Ⓒ Ⓓ	16	Ⓐ Ⓑ Ⓒ Ⓓ	28	Ⓐ Ⓑ Ⓒ Ⓓ	38	Ⓐ Ⓑ Ⓒ Ⓓ	50	Ⓐ Ⓑ Ⓒ Ⓓ
6	Ⓐ Ⓑ Ⓒ Ⓓ	17	Ⓐ Ⓑ Ⓒ Ⓓ	29	Ⓐ Ⓑ Ⓒ Ⓓ	39	Ⓐ Ⓑ Ⓒ Ⓓ	51	Ⓐ Ⓑ Ⓒ Ⓓ
7	Ⓐ Ⓑ Ⓒ Ⓓ	18	Ⓐ Ⓑ Ⓒ Ⓓ	30	Ⓐ Ⓑ Ⓒ Ⓓ	40	Ⓐ Ⓑ Ⓒ Ⓓ	52	Ⓐ Ⓑ Ⓒ Ⓓ
8	Ⓐ Ⓑ Ⓒ Ⓓ	19	Ⓐ Ⓑ Ⓒ Ⓓ	**Set 2**		41	Ⓐ Ⓑ Ⓒ Ⓓ	53	Ⓐ Ⓑ Ⓒ Ⓓ
9	Ⓐ Ⓑ Ⓒ Ⓓ	20	Ⓐ Ⓑ Ⓒ Ⓓ	31	Ⓐ Ⓑ Ⓒ Ⓓ	42	Ⓐ Ⓑ Ⓒ Ⓓ	54	Ⓐ Ⓑ Ⓒ Ⓓ
10	Ⓐ Ⓑ Ⓒ Ⓓ	21	Ⓐ Ⓑ Ⓒ Ⓓ	32	Ⓐ Ⓑ Ⓒ Ⓓ	43	Ⓐ Ⓑ Ⓒ Ⓓ	55	Ⓐ Ⓑ Ⓒ Ⓓ
11	Ⓐ Ⓑ Ⓒ Ⓓ	22	Ⓐ Ⓑ Ⓒ Ⓓ	33	Ⓐ Ⓑ Ⓒ Ⓓ	44	Ⓐ Ⓑ Ⓒ Ⓓ	56	Ⓐ Ⓑ Ⓒ Ⓓ
		23	Ⓐ Ⓑ Ⓒ Ⓓ			45	Ⓐ Ⓑ Ⓒ Ⓓ	57	Ⓐ Ⓑ Ⓒ Ⓓ

#		#		#	
58	Ⓐ Ⓑ Ⓒ Ⓓ	**Set 3**		80	Ⓐ Ⓑ Ⓒ Ⓓ
59	Ⓐ Ⓑ Ⓒ Ⓓ	68	Ⓐ Ⓑ Ⓒ Ⓓ	81	Ⓐ Ⓑ Ⓒ Ⓓ
60	Ⓐ Ⓑ Ⓒ Ⓓ	69	Ⓐ Ⓑ Ⓒ Ⓓ	82	Ⓐ Ⓑ Ⓒ Ⓓ
61	Ⓐ Ⓑ Ⓒ Ⓓ	70	Ⓐ Ⓑ Ⓒ Ⓓ	83	Ⓐ Ⓑ Ⓒ Ⓓ
62	Ⓐ Ⓑ Ⓒ Ⓓ	71		84	Ⓐ Ⓑ Ⓒ Ⓓ
63	Ⓐ Ⓑ Ⓒ Ⓓ	72		85	Ⓐ Ⓑ Ⓒ Ⓓ
64	Ⓐ Ⓑ Ⓒ Ⓓ	73	Ⓐ Ⓑ Ⓒ Ⓓ	86	Ⓐ Ⓑ Ⓒ Ⓓ
65	Ⓐ Ⓑ Ⓒ Ⓓ	74	Ⓐ Ⓑ Ⓒ Ⓓ	87	Ⓐ Ⓑ Ⓒ Ⓓ
66	Ⓐ Ⓑ Ⓒ Ⓓ	75	Ⓐ Ⓑ Ⓒ Ⓓ	88	Ⓐ Ⓑ Ⓒ Ⓓ
67	Ⓐ Ⓑ Ⓒ Ⓓ	76	Ⓐ Ⓑ Ⓒ Ⓓ	89	Ⓐ Ⓑ Ⓒ Ⓓ
		77	Ⓐ Ⓑ Ⓒ Ⓓ	90	Ⓐ Ⓑ Ⓒ Ⓓ
		78	Ⓐ Ⓑ Ⓒ Ⓓ		
		79	Ⓐ Ⓑ Ⓒ Ⓓ		

TOEIC® L&R TEST Part 5 特急 420問ドリル　解答用紙

マークシート　91〜180

Set 4

No.				
91	Ⓐ	Ⓑ	Ⓒ	Ⓓ
92	Ⓐ	Ⓑ	Ⓒ	Ⓓ
93	Ⓐ	Ⓑ	Ⓒ	Ⓓ
94	Ⓐ	Ⓑ	Ⓒ	Ⓓ
95	Ⓐ	Ⓑ	Ⓒ	Ⓓ
96	Ⓐ	Ⓑ	Ⓒ	Ⓓ
97	Ⓐ	Ⓑ	Ⓒ	Ⓓ
98	Ⓐ	Ⓑ	Ⓒ	Ⓓ
99	Ⓐ	Ⓑ	Ⓒ	Ⓓ
100	Ⓐ	Ⓑ	Ⓒ	Ⓓ
101	Ⓐ	Ⓑ	Ⓒ	Ⓓ
102	Ⓐ	Ⓑ	Ⓒ	Ⓓ
103	Ⓐ	Ⓑ	Ⓒ	Ⓓ
104	Ⓐ	Ⓑ	Ⓒ	Ⓓ
105	Ⓐ	Ⓑ	Ⓒ	Ⓓ
106	Ⓐ	Ⓑ	Ⓒ	Ⓓ
107	Ⓐ	Ⓑ	Ⓒ	Ⓓ
108	Ⓐ	Ⓑ	Ⓒ	Ⓓ
109	Ⓐ	Ⓑ	Ⓒ	Ⓓ
110	Ⓐ	Ⓑ	Ⓒ	Ⓓ
111	Ⓐ	Ⓑ	Ⓒ	Ⓓ
112	Ⓐ	Ⓑ	Ⓒ	Ⓓ
113	Ⓐ	Ⓑ	Ⓒ	Ⓓ

Set 5

No.				
114	Ⓐ	Ⓑ	Ⓒ	Ⓓ
115	Ⓐ	Ⓑ	Ⓒ	Ⓓ
116	Ⓐ	Ⓑ	Ⓒ	Ⓓ
117	Ⓐ	Ⓑ	Ⓒ	Ⓓ
118	Ⓐ	Ⓑ	Ⓒ	Ⓓ
119	Ⓐ	Ⓑ	Ⓒ	Ⓓ
120	Ⓐ	Ⓑ	Ⓒ	Ⓓ
121	Ⓐ	Ⓑ	Ⓒ	Ⓓ
122	Ⓐ	Ⓑ	Ⓒ	Ⓓ
123	Ⓐ	Ⓑ	Ⓒ	Ⓓ
124	Ⓐ	Ⓑ	Ⓒ	Ⓓ
125	Ⓐ	Ⓑ	Ⓒ	Ⓓ
126	Ⓐ	Ⓑ	Ⓒ	Ⓓ
127	Ⓐ	Ⓑ	Ⓒ	Ⓓ
128	Ⓐ	Ⓑ	Ⓒ	Ⓓ
129	Ⓐ	Ⓑ	Ⓒ	Ⓓ
130	Ⓐ	Ⓑ	Ⓒ	Ⓓ
131	Ⓐ	Ⓑ	Ⓒ	Ⓓ
132	Ⓐ	Ⓑ	Ⓒ	Ⓓ
133	Ⓐ	Ⓑ	Ⓒ	Ⓓ
134	Ⓐ	Ⓑ	Ⓒ	Ⓓ
135	Ⓐ	Ⓑ	Ⓒ	Ⓓ
136	Ⓐ	Ⓑ	Ⓒ	Ⓓ
137	Ⓐ	Ⓑ	Ⓒ	Ⓓ
138	Ⓐ	Ⓑ	Ⓒ	Ⓓ
139	Ⓐ	Ⓑ	Ⓒ	Ⓓ
140	Ⓐ	Ⓑ	Ⓒ	Ⓓ
141	Ⓐ	Ⓑ	Ⓒ	Ⓓ
142	Ⓐ	Ⓑ	Ⓒ	Ⓓ
143	Ⓐ	Ⓑ	Ⓒ	Ⓓ
144	Ⓐ	Ⓑ	Ⓒ	Ⓓ
145	Ⓐ	Ⓑ	Ⓒ	Ⓓ
146	Ⓐ	Ⓑ	Ⓒ	Ⓓ
147	Ⓐ	Ⓑ	Ⓒ	Ⓓ
148	Ⓐ	Ⓑ	Ⓒ	Ⓓ
149	Ⓐ	Ⓑ	Ⓒ	Ⓓ
150	Ⓐ	Ⓑ	Ⓒ	Ⓓ

Set 6

No.				
151	Ⓐ	Ⓑ	Ⓒ	Ⓓ
152	Ⓐ	Ⓑ	Ⓒ	Ⓓ
153	Ⓐ	Ⓑ	Ⓒ	Ⓓ
154	Ⓐ	Ⓑ	Ⓒ	Ⓓ
155	Ⓐ	Ⓑ	Ⓒ	Ⓓ
156	Ⓐ	Ⓑ	Ⓒ	Ⓓ
157	Ⓐ	Ⓑ	Ⓒ	Ⓓ
158	Ⓐ	Ⓑ	Ⓒ	Ⓓ
159	Ⓐ	Ⓑ	Ⓒ	Ⓓ
160	Ⓐ	Ⓑ	Ⓒ	Ⓓ
161	Ⓐ	Ⓑ	Ⓒ	Ⓓ
162	Ⓐ	Ⓑ	Ⓒ	Ⓓ
163	Ⓐ	Ⓑ	Ⓒ	Ⓓ
164	Ⓐ	Ⓑ	Ⓒ	Ⓓ
165	Ⓐ	Ⓑ	Ⓒ	Ⓓ
166	Ⓐ	Ⓑ	Ⓒ	Ⓓ
167	Ⓐ	Ⓑ	Ⓒ	Ⓓ
168	Ⓐ	Ⓑ	Ⓒ	Ⓓ
169	Ⓐ	Ⓑ	Ⓒ	Ⓓ
170	Ⓐ	Ⓑ	Ⓒ	Ⓓ
171	Ⓐ	Ⓑ	Ⓒ	Ⓓ
172	Ⓐ	Ⓑ	Ⓒ	Ⓓ
173	Ⓐ	Ⓑ	Ⓒ	Ⓓ
174	Ⓐ	Ⓑ	Ⓒ	Ⓓ
175	Ⓐ	Ⓑ	Ⓒ	Ⓓ
176	Ⓐ	Ⓑ	Ⓒ	Ⓓ
177	Ⓐ	Ⓑ	Ⓒ	Ⓓ
178	Ⓐ	Ⓑ	Ⓒ	Ⓓ
179	Ⓐ	Ⓑ	Ⓒ	Ⓓ
180	Ⓐ	Ⓑ	Ⓒ	Ⓓ

新形式TOEIC® L&R TEST Part 5特急 420問ドリル 解答用紙

マークシート 181～270

Set 7

No.	A	B	C	D
181	Ⓐ	Ⓑ	Ⓒ	Ⓓ
182	Ⓐ	Ⓑ	Ⓒ	Ⓓ
183	Ⓐ	Ⓑ	Ⓒ	Ⓓ
184	Ⓐ	Ⓑ	Ⓒ	Ⓓ
185	Ⓐ	Ⓑ	Ⓒ	Ⓓ
186	Ⓐ	Ⓑ	Ⓒ	Ⓓ
187	Ⓐ	Ⓑ	Ⓒ	Ⓓ
188	Ⓐ	Ⓑ	Ⓒ	Ⓓ
189	Ⓐ	Ⓑ	Ⓒ	Ⓓ
190	Ⓐ	Ⓑ	Ⓒ	Ⓓ
191	Ⓐ	Ⓑ	Ⓒ	Ⓓ
192	Ⓐ	Ⓑ	Ⓒ	Ⓓ
193	Ⓐ	Ⓑ	Ⓒ	Ⓓ
194	Ⓐ	Ⓑ	Ⓒ	Ⓓ
195	Ⓐ	Ⓑ	Ⓒ	Ⓓ
196	Ⓐ	Ⓑ	Ⓒ	Ⓓ
197	Ⓐ	Ⓑ	Ⓒ	Ⓓ
198	Ⓐ	Ⓑ	Ⓒ	Ⓓ
199	Ⓐ	Ⓑ	Ⓒ	Ⓓ
200	Ⓐ	Ⓑ	Ⓒ	Ⓓ
201	Ⓐ	Ⓑ	Ⓒ	Ⓓ
202	Ⓐ	Ⓑ	Ⓒ	Ⓓ
203	Ⓐ	Ⓑ	Ⓒ	Ⓓ

Set 8

No.	A	B	C	D
204	Ⓐ	Ⓑ	Ⓒ	Ⓓ
205	Ⓐ	Ⓑ	Ⓒ	Ⓓ
206	Ⓐ	Ⓑ	Ⓒ	Ⓓ
207	Ⓐ	Ⓑ	Ⓒ	Ⓓ
208	Ⓐ	Ⓑ	Ⓒ	Ⓓ
209	Ⓐ	Ⓑ	Ⓒ	Ⓓ
210	Ⓐ	Ⓑ	Ⓒ	Ⓓ
211	Ⓐ	Ⓑ	Ⓒ	Ⓓ
212	Ⓐ	Ⓑ	Ⓒ	Ⓓ
213	Ⓐ	Ⓑ	Ⓒ	Ⓓ
214	Ⓐ	Ⓑ	Ⓒ	Ⓓ
215	Ⓐ	Ⓑ	Ⓒ	Ⓓ
216	Ⓐ	Ⓑ	Ⓒ	Ⓓ
217	Ⓐ	Ⓑ	Ⓒ	Ⓓ
218	Ⓐ	Ⓑ	Ⓒ	Ⓓ
219	Ⓐ	Ⓑ	Ⓒ	Ⓓ
220	Ⓐ	Ⓑ	Ⓒ	Ⓓ
221	Ⓐ	Ⓑ	Ⓒ	Ⓓ
222	Ⓐ	Ⓑ	Ⓒ	Ⓓ
223	Ⓐ	Ⓑ	Ⓒ	Ⓓ
224	Ⓐ	Ⓑ	Ⓒ	Ⓓ
225	Ⓐ	Ⓑ	Ⓒ	Ⓓ
226	Ⓐ	Ⓑ	Ⓒ	Ⓓ
227	Ⓐ	Ⓑ	Ⓒ	Ⓓ
228	Ⓐ	Ⓑ	Ⓒ	Ⓓ
229	Ⓐ	Ⓑ	Ⓒ	Ⓓ
230	Ⓐ	Ⓑ	Ⓒ	Ⓓ
231	Ⓐ	Ⓑ	Ⓒ	Ⓓ
232	Ⓐ	Ⓑ	Ⓒ	Ⓓ
233	Ⓐ	Ⓑ	Ⓒ	Ⓓ
234	Ⓐ	Ⓑ	Ⓒ	Ⓓ
235	Ⓐ	Ⓑ	Ⓒ	Ⓓ
236	Ⓐ	Ⓑ	Ⓒ	Ⓓ
237	Ⓐ	Ⓑ	Ⓒ	Ⓓ

Set 9

No.	A	B	C	D
238	Ⓐ	Ⓑ	Ⓒ	Ⓓ
239	Ⓐ	Ⓑ	Ⓒ	Ⓓ
240	Ⓐ	Ⓑ	Ⓒ	Ⓓ
241	Ⓐ	Ⓑ	Ⓒ	Ⓓ
242	Ⓐ	Ⓑ	Ⓒ	Ⓓ
243	Ⓐ	Ⓑ	Ⓒ	Ⓓ
244	Ⓐ	Ⓑ	Ⓒ	Ⓓ
245	Ⓐ	Ⓑ	Ⓒ	Ⓓ
246	Ⓐ	Ⓑ	Ⓒ	Ⓓ
247	Ⓐ	Ⓑ	Ⓒ	Ⓓ
248	Ⓐ	Ⓑ	Ⓒ	Ⓓ
249	Ⓐ	Ⓑ	Ⓒ	Ⓓ
250	Ⓐ	Ⓑ	Ⓒ	Ⓓ
251	Ⓐ	Ⓑ	Ⓒ	Ⓓ
252	Ⓐ	Ⓑ	Ⓒ	Ⓓ
253	Ⓐ	Ⓑ	Ⓒ	Ⓓ
254	Ⓐ	Ⓑ	Ⓒ	Ⓓ
255	Ⓐ	Ⓑ	Ⓒ	Ⓓ
256	Ⓐ	Ⓑ	Ⓒ	Ⓓ
257	Ⓐ	Ⓑ	Ⓒ	Ⓓ
258	Ⓐ	Ⓑ	Ⓒ	Ⓓ
259	Ⓐ	Ⓑ	Ⓒ	Ⓓ
260	Ⓐ	Ⓑ	Ⓒ	Ⓓ
261	Ⓐ	Ⓑ	Ⓒ	Ⓓ
262	Ⓐ	Ⓑ	Ⓒ	Ⓓ
263	Ⓐ	Ⓑ	Ⓒ	Ⓓ
264	Ⓐ	Ⓑ	Ⓒ	Ⓓ
265	Ⓐ	Ⓑ	Ⓒ	Ⓓ
266	Ⓐ	Ⓑ	Ⓒ	Ⓓ
267	Ⓐ	Ⓑ	Ⓒ	Ⓓ
268	Ⓐ	Ⓑ	Ⓒ	Ⓓ
269	Ⓐ	Ⓑ	Ⓒ	Ⓓ
270	Ⓐ	Ⓑ	Ⓒ	Ⓓ

TOEIC® L&R TEST Part 5 特急 420問ドリル 解答用紙

マークシート 271〜360

Set 10

No.	A	B	C	D
271	Ⓐ	Ⓑ	Ⓒ	Ⓓ
272	Ⓐ	Ⓑ	Ⓒ	Ⓓ
273	Ⓐ	Ⓑ	Ⓒ	Ⓓ
274	Ⓐ	Ⓑ	Ⓒ	Ⓓ
275	Ⓐ	Ⓑ	Ⓒ	Ⓓ
276	Ⓐ	Ⓑ	Ⓒ	Ⓓ
277	Ⓐ	Ⓑ	Ⓒ	Ⓓ
278	Ⓐ	Ⓑ	Ⓒ	Ⓓ
279	Ⓐ	Ⓑ	Ⓒ	Ⓓ
280	Ⓐ	Ⓑ	Ⓒ	Ⓓ
281	Ⓐ	Ⓑ	Ⓒ	Ⓓ

No.	A	B	C	D
282	Ⓐ	Ⓑ	Ⓒ	Ⓓ
283	Ⓐ	Ⓑ	Ⓒ	Ⓓ
284	Ⓐ	Ⓑ	Ⓒ	Ⓓ
285	Ⓐ	Ⓑ	Ⓒ	Ⓓ
286	Ⓐ	Ⓑ	Ⓒ	Ⓓ
287	Ⓐ	Ⓑ	Ⓒ	Ⓓ
288	Ⓐ	Ⓑ	Ⓒ	Ⓓ
289	Ⓐ	Ⓑ	Ⓒ	Ⓓ
290	Ⓐ	Ⓑ	Ⓒ	Ⓓ
291	Ⓐ	Ⓑ	Ⓒ	Ⓓ
292	Ⓐ	Ⓑ	Ⓒ	Ⓓ
293	Ⓐ	Ⓑ	Ⓒ	Ⓓ

Set 11

No.	A	B	C	D
294	Ⓐ	Ⓑ	Ⓒ	Ⓓ
295	Ⓐ	Ⓑ	Ⓒ	Ⓓ
296	Ⓐ	Ⓑ	Ⓒ	Ⓓ
297	Ⓐ	Ⓑ	Ⓒ	Ⓓ
298	Ⓐ	Ⓑ	Ⓒ	Ⓓ
299	Ⓐ	Ⓑ	Ⓒ	Ⓓ
300	Ⓐ	Ⓑ	Ⓒ	Ⓓ
301	Ⓐ	Ⓑ	Ⓒ	Ⓓ
302	Ⓐ	Ⓑ	Ⓒ	Ⓓ
303	Ⓐ	Ⓑ	Ⓒ	Ⓓ

No.	A	B	C	D
304	Ⓐ	Ⓑ	Ⓒ	Ⓓ
305	Ⓐ	Ⓑ	Ⓒ	Ⓓ
306	Ⓐ	Ⓑ	Ⓒ	Ⓓ
307	Ⓐ	Ⓑ	Ⓒ	Ⓓ
308	Ⓐ	Ⓑ	Ⓒ	Ⓓ
309	Ⓐ	Ⓑ	Ⓒ	Ⓓ
310	Ⓐ	Ⓑ	Ⓒ	Ⓓ
311	Ⓐ	Ⓑ	Ⓒ	Ⓓ
312	Ⓐ	Ⓑ	Ⓒ	Ⓓ
313	Ⓐ	Ⓑ	Ⓒ	Ⓓ
314	Ⓐ	Ⓑ	Ⓒ	Ⓓ
315	Ⓐ	Ⓑ	Ⓒ	Ⓓ

No.	A	B	C	D
316	Ⓐ	Ⓑ	Ⓒ	Ⓓ
317	Ⓐ	Ⓑ	Ⓒ	Ⓓ
318	Ⓐ	Ⓑ	Ⓒ	Ⓓ
319	Ⓐ	Ⓑ	Ⓒ	Ⓓ
320	Ⓐ	Ⓑ	Ⓒ	Ⓓ
321	Ⓐ	Ⓑ	Ⓒ	Ⓓ
322	Ⓐ	Ⓑ	Ⓒ	Ⓓ
323	Ⓐ	Ⓑ	Ⓒ	Ⓓ
324	Ⓐ	Ⓑ	Ⓒ	Ⓓ
325	Ⓐ	Ⓑ	Ⓒ	Ⓓ
326	Ⓐ	Ⓑ	Ⓒ	Ⓓ
327	Ⓐ	Ⓑ	Ⓒ	Ⓓ

Set 12

No.	A	B	C	D
328	Ⓐ	Ⓑ	Ⓒ	Ⓓ
329	Ⓐ	Ⓑ	Ⓒ	Ⓓ
330	Ⓐ	Ⓑ	Ⓒ	Ⓓ
331	Ⓐ	Ⓑ	Ⓒ	Ⓓ
332	Ⓐ	Ⓑ	Ⓒ	Ⓓ
333	Ⓐ	Ⓑ	Ⓒ	Ⓓ
334	Ⓐ	Ⓑ	Ⓒ	Ⓓ
335	Ⓐ	Ⓑ	Ⓒ	Ⓓ
336	Ⓐ	Ⓑ	Ⓒ	Ⓓ
337	Ⓐ	Ⓑ	Ⓒ	Ⓓ

No.	A	B	C	D
338	Ⓐ	Ⓑ	Ⓒ	Ⓓ
339	Ⓐ	Ⓑ	Ⓒ	Ⓓ
340	Ⓐ	Ⓑ	Ⓒ	Ⓓ
341	Ⓐ	Ⓑ	Ⓒ	Ⓓ
342	Ⓐ	Ⓑ	Ⓒ	Ⓓ
343	Ⓐ	Ⓑ	Ⓒ	Ⓓ
344	Ⓐ	Ⓑ	Ⓒ	Ⓓ
345	Ⓐ	Ⓑ	Ⓒ	Ⓓ
346	Ⓐ	Ⓑ	Ⓒ	Ⓓ
347	Ⓐ	Ⓑ	Ⓒ	Ⓓ
348	Ⓐ	Ⓑ	Ⓒ	Ⓓ
349	Ⓐ	Ⓑ	Ⓒ	Ⓓ

No.	A	B	C	D
350	Ⓐ	Ⓑ	Ⓒ	Ⓓ
351	Ⓐ	Ⓑ	Ⓒ	Ⓓ
352	Ⓐ	Ⓑ	Ⓒ	Ⓓ
353	Ⓐ	Ⓑ	Ⓒ	Ⓓ
354	Ⓐ	Ⓑ	Ⓒ	Ⓓ
355	Ⓐ	Ⓑ	Ⓒ	Ⓓ
356	Ⓐ	Ⓑ	Ⓒ	Ⓓ
357	Ⓐ	Ⓑ	Ⓒ	Ⓓ
358	Ⓐ	Ⓑ	Ⓒ	Ⓓ
359	Ⓐ	Ⓑ	Ⓒ	Ⓓ
360	Ⓐ	Ⓑ	Ⓒ	Ⓓ

新形式TOEIC® L&R TEST　Part 5特急 420問ドリル　解答用紙

マークシート　361～420

Set 13								Set 14									

No.	A	B	C	D	No.	A	B	C	D	No.	A	B	C	D	No.	A	B	C	D
361	Ⓐ	Ⓑ	Ⓒ	Ⓓ	372	Ⓐ	Ⓑ	Ⓒ	Ⓓ	384	Ⓐ	Ⓑ	Ⓒ	Ⓓ	394	Ⓐ	Ⓑ	Ⓒ	Ⓓ
362	Ⓐ	Ⓑ	Ⓒ	Ⓓ	373	Ⓐ	Ⓑ	Ⓒ	Ⓓ	385	Ⓐ	Ⓑ	Ⓒ	Ⓓ	395	Ⓐ	Ⓑ	Ⓒ	Ⓓ
363	Ⓐ	Ⓑ	Ⓒ	Ⓓ	374	Ⓐ	Ⓑ	Ⓒ	Ⓓ	386	Ⓐ	Ⓑ	Ⓒ	Ⓓ	396	Ⓐ	Ⓑ	Ⓒ	Ⓓ
364	Ⓐ	Ⓑ	Ⓒ	Ⓓ	375	Ⓐ	Ⓑ	Ⓒ	Ⓓ	387	Ⓐ	Ⓑ	Ⓒ	Ⓓ	397	Ⓐ	Ⓑ	Ⓒ	Ⓓ
365	Ⓐ	Ⓑ	Ⓒ	Ⓓ	376	Ⓐ	Ⓑ	Ⓒ	Ⓓ	388	Ⓐ	Ⓑ	Ⓒ	Ⓓ	398	Ⓐ	Ⓑ	Ⓒ	Ⓓ
366	Ⓐ	Ⓑ	Ⓒ	Ⓓ	377	Ⓐ	Ⓑ	Ⓒ	Ⓓ	389	Ⓐ	Ⓑ	Ⓒ	Ⓓ	399	Ⓐ	Ⓑ	Ⓒ	Ⓓ
367	Ⓐ	Ⓑ	Ⓒ	Ⓓ	378	Ⓐ	Ⓑ	Ⓒ	Ⓓ	390	Ⓐ	Ⓑ	Ⓒ	Ⓓ	400	Ⓐ	Ⓑ	Ⓒ	Ⓓ
368	Ⓐ	Ⓑ	Ⓒ	Ⓓ	379	Ⓐ	Ⓑ	Ⓒ	Ⓓ						401	Ⓐ	Ⓑ	Ⓒ	Ⓓ
369	Ⓐ	Ⓑ	Ⓒ	Ⓓ	380	Ⓐ	Ⓑ	Ⓒ	Ⓓ	391	Ⓐ	Ⓑ	Ⓒ	Ⓓ	402	Ⓐ	Ⓑ	Ⓒ	Ⓓ
370	Ⓐ	Ⓑ	Ⓒ	Ⓓ	381	Ⓐ	Ⓑ	Ⓒ	Ⓓ	392	Ⓐ	Ⓑ	Ⓒ	Ⓓ	403	Ⓐ	Ⓑ	Ⓒ	Ⓓ
371	Ⓐ	Ⓑ	Ⓒ	Ⓓ	382	Ⓐ	Ⓑ	Ⓒ	Ⓓ	393	Ⓐ	Ⓑ	Ⓒ	Ⓓ	404	Ⓐ	Ⓑ	Ⓒ	Ⓓ
				383	Ⓐ	Ⓑ	Ⓒ	Ⓓ						405	Ⓐ	Ⓑ	Ⓒ	Ⓓ

No.	A	B	C	D	No.	A	B	C	D
406	Ⓐ	Ⓑ	Ⓒ	Ⓓ	418	Ⓐ	Ⓑ	Ⓒ	Ⓓ
407	Ⓐ	Ⓑ	Ⓒ	Ⓓ	419	Ⓐ	Ⓑ	Ⓒ	Ⓓ
408	Ⓐ	Ⓑ	Ⓒ	Ⓓ	420	Ⓐ	Ⓑ	Ⓒ	Ⓓ
409	Ⓐ	Ⓑ	Ⓒ	Ⓓ					
410	Ⓐ	Ⓑ	Ⓒ	Ⓓ					
411	Ⓐ	Ⓑ	Ⓒ	Ⓓ					
412	Ⓐ	Ⓑ	Ⓒ	Ⓓ					
413	Ⓐ	Ⓑ	Ⓒ	Ⓓ					
414	Ⓐ	Ⓑ	Ⓒ	Ⓓ					
415	Ⓐ	Ⓑ	Ⓒ	Ⓓ					
416	Ⓐ	Ⓑ	Ⓒ	Ⓓ					
417	Ⓐ	Ⓑ	Ⓒ	Ⓓ					

著者紹介

神崎正哉 (かんざき・まさや)

1967年、神奈川県生まれ。やどかり出版株式会社代表取締役。神田外語大学准教授。東京水産大学 (現東京海洋大学) 海洋環境工学科卒。テンプル大学大学院修士課程修了 (英語教授法)。TOEIC® L & R Test は、1997年11月〜2017年11月の間に146回受験し、990点 (満点) 99回取得。TOEIC® Speaking Test 200点 (満点)、TOEIC® Writing Test 200点 (満点)、英検1級、国連英検特A級、ケンブリッジ英検CPEなど、英語の資格を多数保持。著書に『新TOEIC® TEST 出る順で学ぶボキャブラリー990』(講談社)、共著書に『TOEIC® TEST 標準模試2』(yadokari) などがある。

Daniel Warriner (ダニエル・ワーリナ)

1974年、カナダ、ナイアガラフォールズ生まれ。ブロック大学英文学科卒。1998年来日。北海道大学、都内の英語学校でTOEIC® L & R Test 対策、英会話を教えるとともに、講師トレーニング及び教材開発に携わる。現在、翻訳会社に勤務。共著書に『1駅1題 TOEIC® L&R TEST 読解特急』(朝日新聞出版)、『はじめての新 TOEIC® TEST 完全総合対策』(IBC パブリッシング)、『TOEIC® TEST 新形式模試 はじめての挑戦』(yadokari) などがある。

TOEIC® L&R TEST パート5特急
420問ドリル

2020年4月30日　第1刷発行

著　者	神崎 正哉 Daniel Warriner
発行者	三宮 博信
装　丁 本文デザイン	川原田 良一 コントヨコ
印刷所 発行所	大日本印刷株式会社 朝日新聞出版

〒104-8011　東京都中央区築地 5-3-2
電話　03-5541-8814（編集）　03-5540-7793（販売）
© 2020 Masaya Kanzaki, Daniel Warriner
Published in Japan by Asahi Shimbun Publications Inc.
ISBN 978-4-02-331872-4
定価はカバーに表示してあります。
落丁・乱丁の場合は弊社業務部（電話 03-5540-7800）へご連絡ください。
送料弊社負担にてお取り替えいたします。